'엄마들을 위한' 쉽고 재미있는 한 번에 쏙! 포켓 영문법

그래엄마 GRAMMAR

'엄마들을 위한' 쉽고 재미있는 한 번에 쏙! 포켓 영문법

그래엄마 GRAMMAR

Chris Lee 지음

G R A M M A R

인문엠앤비

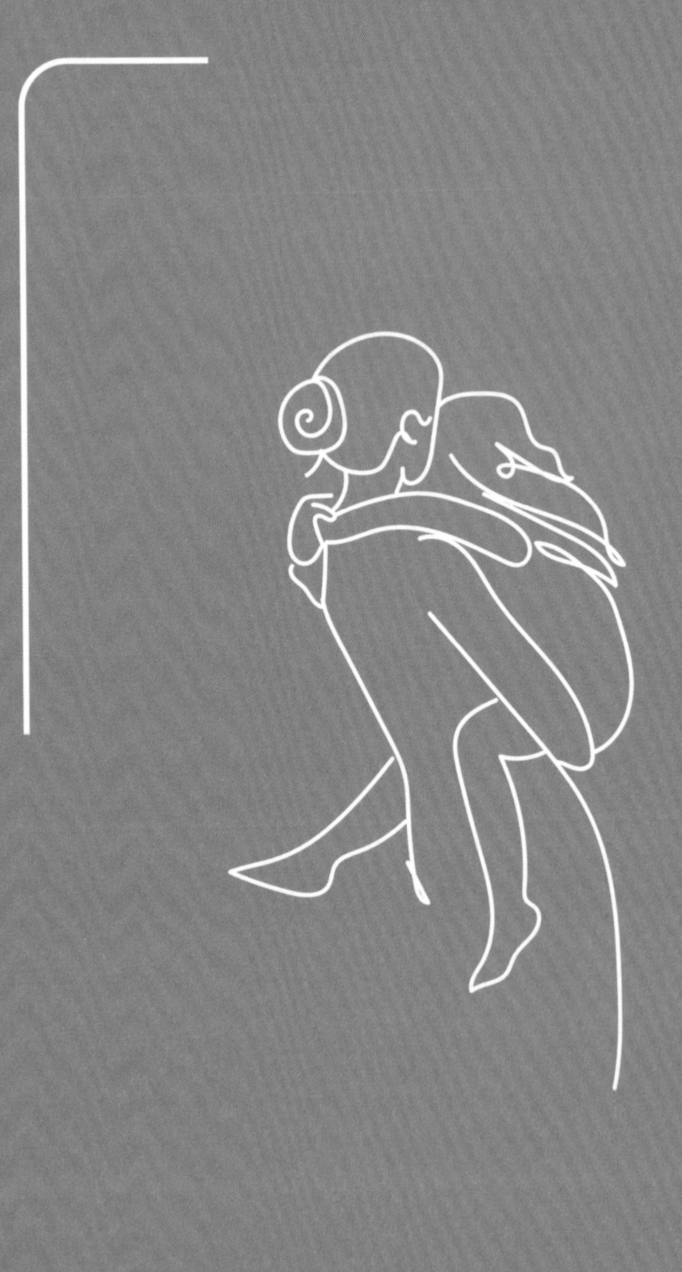

들어가며

'엄마들을 위한' 쉽고 재미있는 한 번에 쏙! 포켓 영문법 - 그래엄마는
아이들에게 직접 영어 문법을 설명해주실
어머님들 그리고 아버님들을 위해 만들어졌습니다.

간혹 아이들이 영어 문법에 대해 질문을 할 때면 난감할 때가 많으실 겁니다.
부모님들 모두가 잘 알고 계시는 우리말 국어와의 비교를 통해 아이들이 보다
더욱 이해를 쉽게 할 수 있도록 구성하였습니다.

이 책을 통해, 자녀들에게 영어 문법을 설명해주실 어머님과 아버님들 그리고
스스로 영어 문법을 공부하는 학생들에게 작게나마 도움이 되기를 희망합니다.

본 책은
중등과정에서 아이들이 많이 어려워하는 영어 문법에 집중하였습니다.
아주 기초적인 것은 부록으로 짧게 설명을 하였고
수동태, 분사 및 분사구문 그리고 가정법 등 고학년 때 접하게 되는 문법들은
과감히 제외하였습니다.
시리즈가 계속되면 추후 다룰 예정입니다.

목차를 보시고 필요한 부분을 선택하여 공부하시면 되십니다.
감사합니다.

_ Chris Lee

목 차

03 엄마! 현재완료는 대체 또 뭐예요?

- 현재와 과거 그리고 완료시제

04 엄마! 갑자기 뭐가 생략되고 해석을 뒤에서 거꾸로 하래요!

- 관계대명사 그리고 관계부사

CHAPTER

01

엄마! 갑자기 영어가 어려워졌어요!

_ to부정사 그리고 동명사

그래머
GRAMMAR

to부정사 그리고 동명사

CHAPTER 01

엄마! 갑자기 영어가 어려워졌어요!

_ to부정사 그리고 동명사

중학교에 들어가니 갑자기 영어가 어려워집니다.
to부정사와 동명사를 만난 겁니다!!
특히 to부정사는 많은 학생들이 고등학교 졸업할 때까지 겁을 냅니다.

to부정사가 어려운 이유는
근본적으로 영어와 우리 한국어가 가진 차이 때문입니다.

to부정사는 '동사'가 다른 품사로 바뀌는 것입니다!

'동사'가
'명사' 로 바뀔 때가 to부정사의 **'명사적 용법'**,
'형용사' 로 바뀔 때는 **'형용사적 용법'**,
'부사' 로 바뀔 때는 **'부사적 용법'**이라고 부릅니다.

우리말은 동사가 다른 품사로 바뀔 때 아주 친절하게 그 모습이 다 달라집니다.

'공부하다'가
명사로 바뀔 때는 '공부하는 것'
형용사로 바뀔 때는 '공부하는'

그리고 부사로 바뀔 때는
'공부하기 위해' 같이 말입니다.
아쉽게도 영어는 다 'to study'입니다.

그래서 아이들이 to부정사,
특히 그중에서 무슨 용법인지 구별하는 걸 어려워하는 것입니다.
우리나라 말처럼 생김새로 구별하려 하니까요.
하지만 to부정사는 명사든 형용사든 부사든 다 똑같이 생겼습니다!

결국, to부정사가 어떤 역할로 쓰였는지는 그 **'위치'**로 판단해야 합니다!

to부정사의 '명사적' 용법은
'to+동사원형'이 '명사' 위치에!
'형용사적' 용법은 'to+동사원형'이 '형용사' 위치에!
'부사적' 용법은 'to+동사원형'이 '부사' 위치에 있어야 하며

각각 그 경우를 따져서 어떤 용법인지 구분하는 것입니다!

01. to부정사의 명사적 용법

to부정사의 명사적 용법은 동사를 명사로 바꾼 것입니다.

'~하다'가 '~하는 것'으로 바뀐 것입니다.
우리말 예시는 다음과 같습니다.

(A) 영어 공부하다는 재미있다.
→ 영어 공부하는 것은 재미있다.

(B) 나는 영어 공부하다를 원한다.
→ 나는 영어 공부하는 것을 원한다.

(A)와 (B)의 맨 처음 문장은 말이 안 되는 문장입니다.
'공부하다'가 '공부하는 것'으로 바뀌어야 합니다.

'공부하다'라는 동사가 가진 의미를 활용하되
동사 형태 그대로 쓸 수 없기에
'~하는 것'으로 바꾸어 쓰는 것이 to부정사의 명사적 용법입니다.

영어 ~~공부하다~~는 재미있다.
→ 영어 공부하는 것은 재미있다.

~~Study~~ English is funny.

→ To study English is funny.

나는 영어 ~~공부하다~~를 원한다.

→ 나는 영어 공부하는 것을 원한다.

I want ~~study~~ English.

→ I want to study English.

'공부하다'가 '공부하는 것'으로 바뀐 것과 같이
'study'가 'to study'로 바뀌는 것입니다.

문장에서 명사는 **'주어'**, **'목적어'** 그리고 **'보어'** 자리에 위치합니다.

그렇기에 'to부정사의 명사적 용법' 역시 'to+동사원형'이
'주어', '목적어', '보어' 자리에 위치합니다.

참고로 많은 아이들이 '주어', '목적어' 그리고 '보어'를 헷갈려합니다.

관련하여 뒷부분 부록을 참조하시기 바랍니다!

※ 명사가 '주어 자리에' 위치한 경우 ※

영어를 ~~공부하다~~는 어렵습니다.

→ 영어를 공부하는 것은 어렵습니다.

~~Study~~ English is difficult.

→ To study English is difficult.

'공부하다'가 '공부하는 것'으로 바뀌었습니다.
여기서는 그 위치가 문장의 주어입니다.

그런 이유로 'To study'는 문장의 주어 역할을 합니다.
바로 주어 역할을 하는 to부정사의 명사적 용법입니다.

※ 명사가 '보어 자리에' 위치한 경우 ※

진우의 꿈은 영화배우가 ~~되다~~ 이다.

→ 진우의 꿈은 영화배우가 되는 것이다.

진우's dream is ~~become~~ an actor.

→ 진우's dream is to become an actor.

'become'이라는 동사가 'to become'이 되면서 문장의 보어 역할을 합니다.
보어는 주인공을 보충 설명하는 역할을 합니다. [다시 한번! 보어를 잘 모르겠다면, 157p 참조!]

'진우의 꿈'이라는 주어를 보충 설명하는 것이 영화배우가 '되는 것'이므로 to become은 보어 역할을 하는 명사적 용법입니다.

'보다'는 '믿다'다.

→ '보는 것'은 '믿는 것'이다.

See is believe.

→ **To see** is **to believe**.

To see is to believe는
'보는 것은 믿는 것이다'로 해석되는 영어 속담입니다.
우리나라의 '백문이 불여일견'에 해당하는 표현입니다.

See is believe는
'보다'는 '믿다'이다 로 말이 전혀 되지 않기에

'보다'는 '보는 것'으로 '믿다'는 '믿는 것'으로 바꾸어
'To see' is 'to believe'로 바뀌었고
'To see'는 문장의 주어 역할을 하고
'to believe'는 'to see'를 보충 설명하기에 보어 역할을 합니다.

즉, 'to see'는 to부정사 명사적 용법의 '주어' 역할이며
'to believe'는 같은 명사적 용법이면서 '보어' 역할을 하는 것입니다!

※ 명사가 '목적어 자리에' 위치한 경우 ※

나는 ~~축구하다~~를 원한다.

→ 나는 축구하는 것을 원한다.

I want ~~play~~ soccer.

→ to play

나는 '축구하다' 를 원한다 라는 문장 역시 어색합니다.
'축구하다' 를 '축구하는 것' 으로 바꾸어야 자연스럽겠지요?

'to play'가 문장의 목적어 자리에 있으므로
목적어 역할을 하는 to부정사 명사적 용법입니다.

나는 ~~놀다~~를 원한다.

→ 나는 노는 것을 원한다.

나는 **노는 것**을 원한다.
나는 **그녀**를 원한다.

I want ~~play~~ soccer.

→ **to play**

I want **to play soccer**.

I want **her**.

[to play soccer와 her 모두 위치가 똑같이 '목적어'!!!]

I want play soccer는 '나는 축구를 한다 원한다'이므로
'play'를 'to play'로 바꿔서 '나는 축구를 하는 것을 원한다'로
써야 합니다.

I want <u>to play</u> soccer 에서의 'to play'는
I want <u>her</u> 에서의 'her'와 똑같이 목적어 자리에
위치하기에 'her'와 똑같은 '목적어'로 쓰인 것입니다.

02. to부정사의 형용사적 용법

to부정사의 명사적 용법이 '동사'가 '명사'로 바뀐 것처럼

to부정사의 형용사적 용법은
'동사'가 '형용사'로 바뀐 것입니다.

'형용사'는 명사를 꾸미는 역할을 합니다.
예를 들어, '잘생긴 진우'에서
'잘생긴'은 진우를 꾸미는 형용사입니다.

to부정사의 '명사' 용법이 'to+동사원형'가 문장의 명사 자리에 들어간다면
to부정사의 '형용사' 용법은 'to+동사원형'이 형용사 자리에 들어갑니다.

형용사가 명사를 꾸미는 역할을 하기 때문에
형용사적 용법의 'to+동사원형'은 명사 바로 뒤에 위치합니다.

(A) '잘생긴' 진우

(B) '공부하는' 진우

(A)의 '잘생긴'과 (B)의 '공부하는'은 똑같은 형용사이지만
(B)는 행동 즉, 동사의 의미를 가지고 왔습니다.

이처럼 동사의 의미를 가져와 명사를 꾸밀 때 쓰는 것이
to부정사의 형용사적 용법입니다.
to+동사원형이 명사 바로 뒤에서
앞에 있는 명사를 구체적으로 꾸미는 것이
to부정사의 형용사적 용법인 것입니다.

※ 명사 + to동사원형 ※

진우 knows the way.
[뜻] 진우는 방법을 안다.

진우 knows **the way to meet** her.
[뜻] 진우는 그녀를 만날 방법을 안다.

to meet이 앞에 있는 the way를 꾸며줍니다.

방법인데 그냥 방법이 아니고 '만나다'가 형용사로 바뀌어 방법을 꾸밈으로써
'만날' 방법이 되는 것입니다.

the way to+동사원형은
to부정사의 형용사적 용법 중에서도 많이 쓰이는 표현입니다.

이 외에도 자주 쓰이는 to부정사의 형용사적 용법이 몇 개가 더 있습니다.

진우 knows **the way to meet** her.

(A) Mom gets **the chance to travel** Japan.

(B) He has **the ability to fly**.

(C) We have **the right to vote**.

(D) It' s **time to say** good-bye.

(A)는 to travel이 앞에 the chance를 꾸며주어서
'여행 할' 기회가 됩니다.
엄마는 일본을 여행 할 기회를 얻었다.

참고로 chance 대신 유사한 뜻의 단어인 opportunity도 많이 출제됩니다.
change to travel과 마찬가지로 opportunity to travel도
'여행 할 기회'로 해석됩니다.

(B)는 to fly가 바로 앞에 있는 the ability를 꾸밈으로써
'나는' 능력이 됩니다.
그는 나는 능력을 가졌다.

ability 대신 '능력'이라는 같은 뜻을 공유하는 capacity나 capability가
쓰일 때도 있습니다.

(C)는 to vote가 앞에 있는 명사, the right를 꾸며줍니다.
우리는 투표할 권리를 가지고 있다.

(D)는 to say가 앞에 있는 time을 꾸며주어서
안녕이라고 말할 시간이다.

이렇게 해석됩니다.

Time to say good-bye는 노래 가사로도 자주 나오는 친숙한 표현이죠.

03. to부정사의 부사적 용법

to+동사원형이 부사로 바뀌어서 부사 역할을 하는 것이
to부정사 부사적 용법입니다.

앞서 to부정사의 다른 용법들
명사적 용법과 형용사적 용법을 다루었습니다.

to부정사를 공부하면서 학생들이 제일 어려워하는 것이 바로
용법을 구별하는 것입니다.

눈앞에 있는 to+동사원형이 '명사적 용법'인지
'형용사적 용법'인지 아니면 '부사적 용법'인지를 구별하는 것을
정말 많이들 힘들어 합니다.

to부정사는 동사가 명사, 형용사 그리고 부사로 각각 변하는 것입니다.
다만 품사가 바뀔 때 아예 그 형태가 바뀌는 우리말과 달리
영어에서의 to부정사는
동사 앞에 to가 붙어서 명사, 형용사 그리고 부사로 바뀔 때
각각 똑같은 모습을 갖춥니다.
생김새 자체가 달라지는 우리말에 익숙한 학생들로서는
당연히 당혹스러워 할 수밖에 없겠지요.

다시 한 번 더 말씀드리지만

to부정사는 'to 동사원형'이 문장에 어디에 있는지
그 **'위치'**로 용법을 구별하면 됩니다.

배운 순서대로, 마치 사다리타기처럼
처음에 명사인지 아닌지 따지고
그 다음 형용사인지 아닌지 따진 후
맨 마지막으로 부사인지 아닌지 따지면 됩니다.

(A) I want **to meet** her.
(B) I have the chance **to meet** her.

(A)에서 to meet은 목적어 자리에 있습니다.
목적어에는 명사가 들어가니까
to meet은 '만나는 것'으로 해석되는 '명사적 용법'입니다.

(B)에 나오는 to meet은 (A)와 같은 명사적 용법일까요?
명사적 용법이 되려면 'to meet'이 명사가 들어가야 할 자리에
위치해 있어야 합니다.

명사는 '주어', '목적어', '보어'에 위치합니다.
'주어'는 'I'라는 임자가 이미 있고
'목적어'는 'the chance'라는 임자가 이미 또 떡하니 자리를 지키고 있습니다.
'보어'는 아예 없는 문장이고요.
'명사적 용법'이 아닙니다.

그러면 사다리 타기를 해서
'형용사적 용법'인지 따져보면 됩니다.

'형용사적 용법'은 동사가 형용사로 바뀐 것입니다.
형용사는 명사를 꾸미는 역할을 하는 품사입니다.
to meet은 바로 앞에 있는 the chance를 꾸미는 형용사적 용법입니다.
(B)는 기회(chance)를 꾸미는 '만날'로 쓰인 형용사적 용법인 것입니다.

(C) I went to her school to meet her.

(C)의 'to meet'은 어떨까요?
'to meet'은 일단 주어나 목적어 그리고 보어 자리에 있지 않습니다.
명사적 용법이 아닙니다.
그렇다면 형용사적 용법일까요?

얼핏보면 앞에 있는 명사 school을 꾸미는 형용사처럼 보입니다.
하지만, 꾸민다는 것이 무엇인지를 생각해야 합니다.
무조건 앞에 명사가 있다고 다 형용사가 아닙니다.

chance to meet
'만날 기회'는 말이 되지만

school to meet
'만날 학교'는 말이 안 되지요.

단순히 to+동사원형 앞에 명사가 있다고 무조건 형용사가 아니고
실제 수식을 하여 말이 되는 표현이어야 합니다.

명사도 아니고 형용사도 아니면 무엇일까요?
맞습니다.
마지막 남은 '부사적 용법'입니다.
'부사적 용법'에는 세부적으로 목적, 형용사 수식, 감정의 원인, 판단의 근거,
결과 등으로 나뉩니다.

1) 목적

I went to her school to meet her.
에서 'to meet'은
to부정사의 부사적 용법 중 가장 학생들이 자주 만나게 될
'목적' 으로 쓰인 것입니다. **[※ 주의 : 명사적 용법 중 '목적어'와 헷갈리지 마세요!]**

말 그대로 '~하기 위해서'로 해석되는 '목적'의 의미를 가지는 용법입니다.

해석은
나는 그녀의 학교에 갔다. 그녀를 **만나기 위해서입니다.**

부사의 목적은 in order to~ , so as to~ 로도 바꿔 쓸 수 있습니다.

진우 went to Busan to meet her.
= in order to meet
= so as to meet
(A) To meet her is 진우' s dream.
(B) To meet her, 진우 went to her school.

'~하기 위해서'로 해석되는 to부정사의 부사의 '목적'은
종종 문장 맨 앞에 쓰이는 경우가 있어
학생들이 '명사의 주어'와 많이 헷갈려합니다.

(A), (B) 둘 다 모두 To meet이 문장의 맨 앞에 왔습니다.
문장의 맨 앞에 왔으니 둘 다 '주어'라고 생각하기 쉽고
그러므로 앞서 배운 대로 to부정사의 '명사적 용법'이라고 하기 쉽습니다.

구별법은 **뒤에 동사가 있냐 없냐**입니다.
영어 문장에서 주어 뒤에는 동사가 나옵니다.

(A)와 (B)가 똑같이 문장 맨 앞에 위치하기에
명사적 용법의 주어인지 부사적 용법의 목적인지 헷갈린다면
뒤에 동사가 있는지 확인하면 됩니다.

(A)는 뒤에 동사가 있기 때문에
문장의 주어 위치에 들어간 명사적 용법의 주어로 쓰인 것입니다.

(A) **To meet** her **is** 진우' s dream.

(B) **To meet** her, 진우 went to her school.

반면 (B)는 동사가 없습니다.
콤마(,)를 기준으로 to meet her 그리고
진우 went to her school로 나뉘는데 to meet her 뒤에 동사가 없습니다.
뒤에 동사가 없다는 건 주어가 될 수 없기에
주어 역할을 하는 명사적 용법이 아닌 부사적 용법의 목적입니다.

(A)가 그녀를 만나는 것은 진우의 꿈이다로 해석되는 것과 달리
(B)는 To meet이 '~하기 위해서'의 의미를 가진 to부정사 부사적 용법
중 목적으로 쓰인 것이기에
그녀를 만나기 위해, 진우는 그녀의 학교로 갔었다.로 해석이 됩니다.

2) 형용사 수식과 감정의 원인

형용사가 명사를 수식한다면
부사는 명사 외 나머지 품사들을 수식하는 역할을 합니다.

특히 형용사를 수식하는 역할로 많이 쓰입니다.

to부정사의 형용사적 용법이 앞에 있는 명사를 꾸미는 것처럼
역시 부사적 용법은 앞에 있는 형용사를 꾸미는 경우로도 쓰입니다.

(A) English is **difficult** to understand.

(B) 진우 is **happy** to meet her.

(A)는 '어려운' difficult 형용사를 뒤에서 꾸민
부사적 용법의 형용사 수식입니다.

(B) 역시 부사적 용법의 형용사 수식입니다.
다만 형용사 중에서 사람의 감정 표현과 관련된 형용사를 수식하는 경우는
따로 부사적 용법의 **'감정의 원인'**으로 분류합니다.
진우가 행복한데 그 이유가 바로 그녀를 만나서입니다.

부사적 용법의 '감정의 원인'은 실제 회화에서도 많이 쓰는 문법이죠.

(A) Nice **to meet** you.

(B) Mom is sad **to hear** that news.

(A) Nice to meet you. 도 따지고 보면 '감정의 원인'입니다.
왜 Nice하냐. 너를 만나서!

(B) 문장도 마찬가지입니다.
엄마가 왜 슬프냐? 그 소식을 들어서!

3) 판단의 근거와 결과

to부정사의 부사적 용법 중에는 **'판단의 근거'**도 있습니다.
to+동사원형을 기준으로 그 앞은 어떤 판단이 나오고
to+동사원형부터는 그 판단의 근거를 밝히는 겁니다.

진우 must be smart to say so.

to+동사원형 앞 '진우 must be smart'는
'진우는 틀림없이 똑똑할 것이다'라는 특정한 판단입니다.
to say so는 그 판단에 대한 근거입니다.

결국 이 둘은 합치면
'그렇게 말하는 걸 보니 진우는 틀림없이 똑똑할 것이다'로 해석이 됩니다.
참고로 'must be'가 '틀림없이 ~일 것이다.' 뜻이므로
아무래도 'must be' 표현이 쓰였을 때,
'판단의 근거'일 확률이 높습니다.

부사적 용법 중에는 **'결과'**도 있습니다.
역시 to+동사원형을 기준으로 해석하면 되는데
to+동사원형을 기준으로
앞부분은 진행 및 성장의 의미를 가지고 뒷부분은 그 결과를 말합니다.

방금 한 '판단의 근거'와 다시 비교해서 정리하자면

(A) 진우 must be smart **to say** so.

(B) 진우 grows up **to become** an actor.

(A)는 to say를 기준으로 앞부분은 판단, 뒷부분은 그에 대한 근거입니다.
부사적 용법의 **'판단의 근거'**입니다.
그렇게 말하는 걸 보니, 진우는 똑똑한 것이 틀림없다.

(B)는 to become을 기준으로
앞부분은 '진우가 성장했다'라고 해석이 되며
to become부터는 그 **'결과'**를 말하는 부사적 용법의 결과입니다.

진우는 성장하여 배우가 되었다라고 해석이 됩니다.

04. to부정사의 명사의 '목적어' 그리고 동명사

to부정사를 공부하면서 학생들이 가장 어려워하는 부분이 바로
to부정사의 명사적 용법 중에 '목적어'입니다.
동명사가 등장하기 때문입니다!

동사가 명사로 바뀌는 것으로 to부정사의 명사적 용법 외에
동명사라는 것도 있습니다.

동명사는 말 그대로 동사로 만든 명사입니다!

당연히 to부정사의 명사와 마찬가지로 '~하는 것'으로 해석됩니다.
To Study English is funny. (영어 공부하는 것은 재미있다.)

에서 '공부하는 것'으로 해석되는
To study는 Studying으로 바꿀 수 있습니다.

To study English is funny.
= **Studying** English is funny. (영어 **공부하는 것**은 재미있다.)

나의 꿈은 그녀를 '만나는 것'이다 역시
My dream is to meet her.를
= My dream is meeting her.로 바꿀 수 있습니다. (나의 꿈은 그녀를 만나는 것이다.)

to부정사의 명사적 용법과 동명사는
동사를 명사로 바꿨다는 점에서 똑같습니다.

그러면 이런 질문을 할 수 있겠죠.

아니, 똑같은데 하나만 있으면 되지
대체 왜 두 개나 있는 거지?

그것에 대한 해답이자 문제가 바로 '목적어' 자리에
to부정사의 명사적 용법이나 동명사를 쓸 때 발생합니다!
주어와 보어로 쓸 때는 to부정사의 명사적 용법을 쓰든 동명사를 쓰든
크게 상관이 없습니다.
문제는 목적어로 쓸 때입니다!

해석은 똑같이 '~하는 것'이지만 목적어 자리에 쓸 때는
to부정사의 명사적 용법과 동명사를 마음대로 쓸 수 없습니다!

to부정사의 명사적 용법을 쓸 때와 동명사를 쓸 때

해석이 달라집니다!
학생들은 이 부분은 암기를 필수적으로 하는 게 좋습니다!!

※ 목적어로 to부정사나 동명사일 때 각각 뜻이 달라지는 경우 ※

remember / forget

stop

try

regret

I remember **to turn** off the light.

나는 불을 꺼야 하는 것을 기억한다.

I remember **turning** off the light.

나는 불을 끈 것을 기억한다.

똑같이 '~하는 것'이지만
그 행동이 일어난 시점에 있어 차이가 있습니다!

to부정사는 '미래 지향적'이고
동명사는 '과거 지향적'입니다!

'~하는 것'이라는 점에서는 동일하지만
앞으로 '~할 것'이나(to부정사)
이미 '~한 것'이나(동명사)의 차이가 있는 것입니다.

또 다른 예를 들어보겠습니다!

(A) I forget **to meet** her.

(B) I forget **meeting** her.

(A)는 '만나야 할 것'을 잊은 것이고

(B)는 '만났던 것'을 잊은 것입니다!

이제 시험에 많이 나오는 'try'와 'stop'입니다.

(A) We try **to meet** 진우.

(B) We try **meeting** 진우.

try+to부정사는 '~하는 것을 시도하다'

try+동명사는 '시험 삼아 ~해보다'입니다.

이미 했으니 시험 삼아 해봤다라고 말할 수 있는 것입니다.

(A)는 우리는 진우를 만나는 것을 시도한다. 즉, 아직 안 만난 것입니다!

(B)는 우리는 시험 삼아 진우를 만났다.

이미 만났거나 만나고 있는 중인 겁니다.

이런 이유로 많은 경우 try+동명사는 시제가 과거시제인 경우가 많습니다.

(A) He stops **to smoke**.

(B) He stops **smoking**.

(A) 그는 **담배를 피기 위해** 멈췄다.
즉, 담배를 앞으로 필 것이다 라는 말이고

(B) 그는 **담배** 피던 것을 멈췄다.
금연했다라는 것이므로

stop의 경우는 정말로 헷갈리면 큰일납니다!

어떤 행동을 했냐 안 했냐가 완전 반대가 되어 버리기 때문입니다.
암기가 꼭 필요한 이유입니다!

(A) 진우 regrets **to meet** her.
(B) 진우 regrets **meeting** her.

regret은 '후회하다'라는 단어의 의미상
동명사만 쓰인다고 생각하기 쉽습니다.
후회는 어떤 일이 다 일어난 다음에 느끼는 감정이니까요.
(B) 진우는 그녀를 만난 것을 후회한다.

regret+to부정사는
~하게 되어 유감이다 로 해석이 됩니다.

(A) 진우는 그녀를 **만나야 하는** 것이 유감이다.
즉, 앞으로 만나야 하는데 만나봤자 별로 좋을 건 없다는 걸 알면서도 어쩔 수 없이 만나야 하는 상황입니다.

실패의 결과를 가져올 것임을 알면서도 종종 시도하는 경우가 있습니다.
(학생들은 공감을 못할 테니 부모님들께서 잘 말씀해 주십시오!)
어려워하는 학생들에게는 '뉘앙스의 차이'를 강조해서 설명하면
보다 쉽게 이해할 수 있을 겁니다.

이렇듯, 똑같이 목적어 자리에 들어가지만
to부정사는 '미래 지향적'
동명사는 '과거 지향적'인 원리를 이해하면
to부정사만 목적어로 쓸 수 있는 경우 혹은
동명사만 목적어로 쓸 수 있는 경우도 이해가 쉽습니다.

미래 지향적인 경우로만 해석되는 경우에는 to부정사만을.
과거 지향적인 경우로만 해석되는 경우에는 동명사만을 씁니다.

※ 목적어로 to부정사만을 받는 경우(미래지향적) ※

want / wish / hope

plan / promise / decide

afford / agree / choose / expect / learn / need / offer

refuse

(A) 진우 wants ~~meeting~~ her. (X) - 진우는 그녀를 ~~만난 것~~을 희망한다.

(B) 진우 wants <u>**to meet**</u> her. (O) - 진우는 그녀를 <u>**만날 것**</u>을 희망한다.

want(원하다), wish(바라다), hope(희망하다)는
'바람과 희망사항'의 뜻을 가지고 있습니다!

바람이나 희망사항은 '앞으로 ~ 했으면 좋겠다' 할 때 쓰는
'미래 지향적인' 경우입니다.
따라서 to부정사만 가능합니다!

(A) 진우 decides ~~studying~~ Math (X) - 진우는 수학 ~~공부한 것~~을 결심한다.

(B) 진우 decides <u>**to study**</u> Math. (O) - 진우는 수학 <u>**공부할 것**</u>을 결심한다.

plan(계획하다), promise(약속하다), decide(결심하다)는
'계획'의 뜻을 가지고 있고 당연히 미래지향적입니다.

※ 목적어로 동명사만을 받는 경우(과거지향적) ※

enjoy(좋아하다) / deny, mind, avoid(거절하다, 꺼려하다)

어떤 대상을 좋아하거나 싫어하는 '호불호'는
당연히 한번이라도 이전에 경험이 있어야 합니다!

누군지도 모르고 뭔지도 모르는 것에 대해서는 아예 '호불호'가 생기지 않으니까요!
경험이 있다는 것은 과거에 경험이 있다는 것이므로
과거지향적인 '동명사'만 가능합니다!

(A) 진우 enjoys **to meet** her. (X) - 진우는 그녀 ~~만나야 할 것~~을 즐긴다.
(B) 진우 enjoys **meeting** her. (O) - 진우는 그녀 **만나는 것**을 즐긴다.

finish(끝나다) / give up(포기하다)

무언가를 끝내거나 포기한다는 말을 하려면
당연히 기존에 이미 하고 있었어야 합니다.

(A) 진우 finishes to study Chinese. (X) - 진우는 중국어 ~~공부한 것~~을 끝냈다.
(B) 진우 finishes **studying** Chinese. (O) - 진우는 중국어 **공부하던 것**을 끝냈다.

(A)는 앞으로 공부한다는 말인데
시작도 안하고 끝낸다고 하니 앞뒤가 안 맞는 겁니다!

(B)는 이미 공부하고 있던 것을 끝내는 것이므로 맞는 표현입니다!

그 외 동명사만을 목적어로 받는 동사들은 다음과 같으며 암기해야 합니다.

admit / avoid / consider / delay / postpone
go on / insist on / keep (on)

참고로
start, begin(시작하다) / continue(계속하다)
like / dislike / hate / love처럼
시점을 구분하기 애매하거나
워낙에 자주 써서 이러한 구분이 오히려 불편한 경우는
목적어로 to부정사와 동명사 상관없이 편하게 다 쓸 수 있습니다.

위 동사들의 경우 목적어로 to부정사도 가능하고 동명사도 가능하며
뜻도 변하지 않고 똑같습니다!

성희 likes **to eat** pasta. (성희는 파스타 **먹는 것을** 좋아한다.)
= 성희 likes **eating** pasta.

중학교 때 학생들이 처음 어렵다고 느끼는 부분이며
고등학교 졸업 때까지 계속 나오는 중요한 문법입니다!

이해는 물론 암기 또한 필수입니다!

마지막으로
중학교 때부터 고등학교 때까지
교과서 및 시험문제에 자주 출제되는
to부정사와 동명사를 활용한 관용표현을 소개해드립니다.

학생들이 암기하여 숙지하도록 도와주십시오.

※ to부정사의 관용표현 ※

1) would like to+동사원형 : ~하는 것을 원하다. (= want to+동사원형)

진우 **would like to** eat pizza. (진우는 피자 먹는 것을 원한다.)

= 진우 **wants to** eat pizza.

2) be about to+동사원형 : 막 ~하려고 하다.

진우 **is about to** do homework. (진우는 막 숙제를 하려고 한다.)

성희 and her boyfriend **are about to** take pictures.

(성희와 그녀의 남자친구는 막 사진을 찍으려고 한다.)

3) manage to+동사원형 : 가까스로 ~ 해내다.

성희 **manages to** solve this problem. (성희는 가까스로 이 문제를 해결했다.)

4) be eager to+동사원형 : ~할 의지[열의]를 가지다. (= be willing to+동사원형)

진우 **is eager to** conquer the world. (진우는 세계를 정복할 의지를 가진다.)

= 진우 **is willing to** conquer the world.

5) fail to+동사원형 : ~하는 것에 실패하다.

성희 **fails to** win the contest. (성희는 시합에서 이기는 데 실패했다.)

6) only to+동사원형 : (여러 과정과 시도가 있었으나) 겨우 ~만 해내다.

진우 **only to** get it. (진우는 겨우 이것만을 얻는데 그쳤다.)

7) aim to+동사원형 : ~하는 것을 목표로 하다.

They **aim to** go to London. (그들은 런던 가는 것을 목표로 한다.)

8) tend to+동사원형 : ~할 가능성이 크다, ~하는 경향이 있다. (= be likely to+동사원형)

진우 **tends to** exercise in the morning. (진우는 아침에 운동하는 경향이 있다.)

= 진우 **is likely to** exercise in the morning.

9) intend to+동사원형 : ~할 의도를 가지다.
pretend to+동사원형 : ~하는 체 하다.

성희 **intends to** tease him. (성희는 그를 놀릴 의도를 가졌다.)

성희 **pretends to** know her. (성희는 그녀에 대해 아는 체 한다.)

10) It takes 시간/돈 표현 to+동사원형 : ~하는데 시간/돈이 쓰이다.

It takes 3 hours **to cook** dinner. (저녁 요리하는데 3시간이 들었다.)

It takes all money **to buy** a new car. (새 차를 사는데 전재산을 썼다.)

※ 동명사의 관용표현 ※

1) on ~ing : ~하자마자

On meeting 진우, 성희 started to cry. (진우를 만나자마자 성희는 울기 시작했다.)

2) in ~ing : ~하는 데 있어서

In losing weights, this pill is best. (살을 빼는 데 있어서. 이 약이 최고다.)

3) for ~ing : ~하는 이유로

They are arrested **for** killing him. (그를 죽인 이유로 그들은 체포되었다.)

4) by ~ing : ~함으로써

By giving her some money, 진우 helped her. (돈을 몇 푼 줌으로써, 진우는 그녀를 도왔다.)

5) go ~ing : ~하러 가다.

성희 and her boyfriend **go** fishing. (성희와 그녀의 남자친구는 낚시를 하러 간다.)

6) feel like ~ing : ~하고 싶다.

진우 **feel like** meeting her. (진우는 그녀를 만나고 싶다.)

7) be worth ~ing : ~할 가치가 있다.

This novel **is worth** reading. (이 소설은 읽을 가치가 있다.)

8) be busy ~ing : ~하느라 바쁘다.

We **are busy** cooking pasta. (우리는 파스타를 요리하느라 바쁘다.)

9) How about ~ing = What about ~ing? : ~하는 게 어때?

How about joining this club? (이 동아리에 가입하는 게 어때?)

= **What about** joining this club?

10) spend+시간[돈] 표현 (on) ~ing : ~하는데 시간 혹은 돈을 소비하다.

진우 and 성희 **spent three hours** watching movie.

(진우와 성희는 영화를 보는데 세 시간을 소비하였다.)

11) be used to+~ing : ~하는 것에 이미 익숙하다. (= be accustomed to+~ing)

I am used to commuting to Daegu. (나는 대구로 출퇴근하는 것에 이미 익숙하다.)

= I am accustomed to commuting to Daegu.

12) there is no ~ing : ~하는 것은 불가능하다.

There is no forgetting that pain. (그 고통을 잊는 것은 불가능하다.)

13) **keep** A from ~ing : A가 ~하는 것을 막다. / 방해하다.

(= stop = prevent = hinder = prohibit = ban = block = bar)

They **keep 진우 from** going to airport. (그들은 진우가 공항으로 가는 것을 막았다.)

14) cannot help ~ing : ~할 수 밖에 없다.

성희 **cannot help** meeting him. (성희는 그를 만날 수밖에 없다.)

15) look forward to ~ing : ~하는 것을 오랫동안 기다리다. / 학수고대하다.

They **look forward to** traveling Europe. (그들은 유럽 여행 가는 것을 학수고대한다.)

16) have **difficulty** ~ing : ~하는데 어려움을 겪다. **(= problem = trouble = a hard time)**

진우 and 성희 **have difficulty** remembering English words.

(진우와 성희는 영어 단어을 암기하는데 어려움을 겪는다.)

17) it is no use ~ing : ~해도 소용없다.

It is no use following them. (그들을 따라가는 것은 소용없는 짓이다.)

18) be good at ~ing : ~하는 것을 잘하다. / be poor at ~ing : ~하는 것을 못하다.

진우 **is good at** playing soccer. (진우는 축구 하는 것을 잘한다.)

진우 **is poor at** drawing pictures. (진우는 그림 그리는 것을 못한다.)

19) never ~ without ~ing : ~하지 않고는 ~않다.

She **never** goes out **without** putting on a scarf in winter.

(그녀는 겨울에 스카프를 하지 않고서는 밖에 나갈 수 없다.)

20) object to+~ing : ~하는 것에 반대하다.

성희 and 진우 **object to** moving to another city.

(성희와 진우는 다른 도시로 이사 가는 것에 반대한다.)

CHAPTER 01

확인 학습 문제

다음 밑줄 친 to부정사가 무슨 용법으로 쓰인 것인지 '명사', '형용사', '부사' 중에서 골라 쓰시오.

01. To play soccer is my hobby.

→ ______________________

02. To meet him is her hope.

→ ______________________

03. To see is to believe.

→ ______________________

04. To see is to believe.

→ ______________________

05. My dream is to be a police officer.

→ ______________________

06. His plan is to collect toys.

→ ______________________

07. I want to eat pizza.

→ ______________________

08. They refuse to drink beer.

→ ______________________

09. He planned to travel to China.

→ ______________________________

10. I need something to wear.

→ ______________________________

11. It' s time to take medicine.

→ ______________________________

12. Do you have anything to drink?

→ ______________________________

13. They know the way to meet her.

→ ______________________________

14. He has the ability to fly.

→ ______________________________

15. She can have the chance to study abroad.

→ ______________________________

____

16. To tell a lie is not good.

→ ______________________________

17. We have the right to insist our opinions.

→ ______________________________

____

18. To meet her is our plan.

→ ______________________________

19. To meet her, we went to her school.

→ ______________________________

20. I saved some money to buy a new smart-phone.

→ ______________________________

____

21. Chris came to Korea to meet me.

→ ______________________________

22. She was angry to hear that news.

→ ______________________________

23. They are sad to lose the contest.

→ ______________________________

24. He must be sick to go home early.

→ ______________________________

25. The robber ran away, only to be caught.

→ ______________________________

____

26. She is not diligent to be late all the time.

→ ______________________________

____

27. He lived to be seventy years old.

→ ______________________________

목적어에 들어간 to부정사와 동명사를 참고하여 다음 문장을 해석하시오.

28. He remembers living in London.

→ ____________________

29. He remembers to turn off the TV.

→ ____________________

30. She stopped to buy some flowers.

→ ____________________

31. She stopped eating junk food.

→ ____________________

32. I forget to do my homework.

→ ____________________

33. I forget doing my homework.

→ ____________________

34. They try to open the window.

→ ____________________

35. They tried calling her.

→ ____________________

36. Students began to take the test.

→ ____________________

37. She wanted to wear a mini-skirt.

→ ____________________

38. He gives up repairing his bike.

→ ____________________

39. My mother decides to plant trees.

→ ____________________

40. They wish to eat many delicious foods.

→ ____________________

41. Would you mind closing the window?

→ ____________________

42. You didn' t expect to see her.

→ ____________________

43. He and his friends practice doing presentation.

→ ____________________
____

44. She avoids answering my questions.

→ ____________________

45. We deny meeting him.

→ ____________________

46. I hope to solve this problem.

→ ____________________

47. His parents finish taking pictures.

→ ______________________________

48. She promises to go to church.

→ ______________________________

49. They enjoy watching TV Show.

→ ______________________________

50. He kept listening to music.

→ ______________________________

51. I plan to play computer game tomorrow.

→ ______________________________

____

52. We agree to forgive her.

→ ______________________________

CHAPTER

02

엄마! 5형식이 뭐예요?

_ 문장의 형식

그래머

GRAMMAR

문장의 형식

CHAPTER 02

엄마! 5형식이 뭐예요?

_ 문장의 형식

중학교에 들어가서 아이들이 역시 어려워하는 문법이 바로 '문장의 형식'입니다.

형식은 문장의 구조가 어떻게 구성되어 있는지 배우는 문법이며
고등학교 때까지 많은 학생들을 괴롭히는 문법입니다.

문장의 틀이 어떤 구성인지를 다루는 문법이기에
기본이라 할 수 있는 중요 문법이기도 합니다.

영어 문장은 보통 크게 5가지 형식으로 나뉩니다.

1형식은 '주어+동사'
2형식은 '주어+동사+주격보어'
3형식은 '주어+동사+목적어'
4형식은 '주어+동사+간접목적어+직접목적어'
5형식은 '주어+동사+목적어+목적격보어'의 형태를 갖추고 있습니다.

5형식은 영어 문장을 토대를 이루는 것이며
다른 문법과 결합도 많이 되는 매우 중요한 문법입니다.
그러면, 1형식부터 시작하도록 하겠습니다.

01. 1형식

1형식은 '주어+동사'의 구조를 갖춘 형식입니다.
'주어+동사'의 구조란 '주인공+주인공이 한 행동'
즉, '주인공이 뭐했다'는 설명만 하는 구조입니다.

(A) **진우는 운다.**
(B) **진우는** 엄마를 **사랑한다.**

(B)와 비교해서 (A)는 상대방이 없습니다.
(A) 문장에는 주인공(주어)과 주인공이 한 행동(동사)으로 구성되어 있습니다.

(A) **진우** cries.
(B) **진우** loves mom.

(A) 문장은 주어+동사의 형태로 되어 있는 1형식 문장입니다.
1형식이 '주어+동사'으로 구성되었기 때문에
무조건 두 개의 단어로 이루어진 것이라 생각하는 경우가 많습니다.

형식에 있어서 장소나 시간을 나타내는 부사 혹은 전치사를 활용한 표현은
문장 형식의 구성요소를 따질 때 제외시킵니다.

문장의 형식은 의미를 전달하는데 있어서 문장에서 가장 중요한 역할을
담당하는 것들만 구성요소로 치부합니다.

'진우는 운다'와
'진우는 거리에서 운다' 혹은 '진우는 한 시간 동안 운다'를 비교하면
사실 거리에서나 한 시간 동안은 굳이 없어도 되는 표현들입니다.

(A) 진우 sleeps.
(B) 진우 sleeps **at his room**.

(C) 진우 runs.
(D) 진우 runs **in Seoul Stadium**.

(E) 진우 cries.
(F) 진우 cries **in his school**.

(G) 진우 cried.
(H) 진우 cried **in his school**.
(I) 진우 cried **yesterday**.
(J) 진우 cried **all day**.

(A), (C), (E), (G)는 1형식 문장이며
그 다음의 나머지 문장(B, D, F, I, J)은 1형식 문장에 그냥
곁가지가 붙은 것입니다.

앞으로도 형식을 하면서 '시간', '장소', '방법' 등에 관한
부연 설명은 '곁가지'로서 문장의 구성요소를 따지는데
제외시키면 됩니다.

02. 2형식

2형식은 주어+동사+주격보어로 구성되어 있습니다.
주격보어는 주어를 보충 설명하는 역할을 합니다.

(A) 진우 sleeps.
(B) 진우 is a student.

(A)가 주어+동사로만 구성된 1형식으로
주인공이 뭐했다 하는 설명으로 끝이 나는 반면
(B)는 주인공에 대한 보충 설명이 나옵니다.
a student 학생이라고 말이죠.

(A) 진우 is a student.
(B) 진우 loves a student.

똑같은 '학생' student이지만
(A)는 주인공을 뜻하고 (B)는 전혀 다른 사람을 뜻합니다.
(A)의 student가 주인공을 보충설명하고 있기에
주격보어인 것입니다.

눈치를 챈 사람도 있겠지만
be동사는 2형식과 어울리는 기본적인 동사입니다.
be동사를 기준으로 그 앞과 뒤는 같은 것을 가리키니까요!

(A) 진우 becomes a doctor.

(B) The soup gets hot.

(A)의 become 역시 be동사와 마찬가지로 2형식에서 자주 쓰입니다.
누가 의사가 되었냐.
주인공인 진우가 의사가 된 것이므로
'~이 되다'의 뜻인 become은 주인공과 주인공을 꾸미는 주격보어를
연결하는 동사 역할을 합니다.

get + 형용사는 '점점 ~ 상태가 되어가다'의 뜻입니다.
(B) 문장의 The soup gets hot은
주인공인 수프가 점점 뜨거워지고 있다라는 뜻이며
뜨거워지는 것이 바로 주인공 수프이고
수프의 상태를 꾸며주는 것이므로 역시 2형식입니다.

(A) 진우 looks happy.

(B) It smells good.

사람의 오감을 뜻하는 동사와 형용사가 같이 오는 문장도 2형식 문장입니다.

(A)는 진우는 행복해 보인다.로 해석되는데
행복해보이는 것이 바로 주인공 진우이며
진우라는 주어를 happy가 꾸며주므로 주격보어의 역할을 합니다.

(B)는 이것은 좋은 냄새가 난다로 해석되는데
이것(it)이라는 주어를 good이라는 형용사가 꾸며주는 주격보어의
역할을 역시 합니다.

즉, 2형식은 주어 동사 뒤에 나오는 표현이
명사이든 형용사이든 주어 즉, 주인공을 보충설명하는 역할을
하는 주격보어 역할을 할 때 2형식이라 할 수 있습니다.

03. 3형식

3형식은 주어+동사+목적어의 형태를 가지고 있습니다.
보어와 달리 목적어는 주어에 대한 보충설명이 아닌
주어와 전혀 다른 '상대방'입니다.
3형식에서는 주인공이 한 행동의 영향을 받는 상대방이 등장합니다.

주어+동사+목적어의 형태를 갖춘 3형식은
주어+동사+주격보어의 형태인 2형식과 헷갈리기 좋습니다.
특히 많은 학생들이 단순히 단어가 몇 개 있는지를 가지고
형식을 파악하려는 경향이 있는데
그런 점에서 3형식은 2형식과 헷갈리기 딱 좋습니다.

(A) 진우 is a student.
(B) 진우 loves a student.

똑같은 student이지만
(A)의 student는 진우가 어떤 사람인지 보충 설명해주는 주격보어이고
(B)의 student는 주인공인 진우와 전혀 상관없는 상대방이므로 목적어입니다.

04. 4형식

학생들이 형식에서 어려워하는 첫 관문입니다.
개념을 이해하는 것도 중요하지만
3형식과 비교하는 것이 중요합니다.

4형식은 주어+동사+간접목적어+직접목적어의 형태를 취합니다.

3형식이 목적어가 하나라면 4형식은 두 개인 것입니다.

그러면 목적어가 왜 두 개가 된 것일까요?
동사가 '주다'의 의미를 가지기 때문입니다.

(A) 진우는 엄마를 사랑한다.
(B) 진우는 엄마에게 준다.

(A) 진우는 엄마를 사랑한다는 완성된 문장입니다.
(B) 진우는 엄마에게 준다는 문장은 무언가 이상하죠.
완성이 덜 된 느낌입니다.

무엇을 주는지 이야기를 안했기 때문입니다.
'주다'라는 동사를 쓴 문장은
'누구에게' 주었는지와 '무엇을' 주었는지가 둘 다 나와야 완성된 문장입니다.

(B)에서 '~에게' 주었는지에 대해서만 설명이 되었기에
'~을' 주었는지까지 설명이 다 되어야 하는 것입니다.

(B) **진우는 엄마에게** 　　　　　**준다.** [X]
(C) **진우는 엄마에게 성적표를 준다.** [O]

(C)처럼 '~을' 주는지까지 언급이 되어야 완성되는 것이 4형식 문장입니다.
'주다'라는 동사는 '~에게'와 함께 '~을'이 둘다 설명되어야 완성되는 법입니다.

보통 4형식 문장을 주어+동사+간접목적어+직접목적어로 설명을 많이 합니다!

간접목적어는 ~에게
직접목적어는 ~을 　에 해당합니다.
그래서 4형식 문장을 주어+동사+~에게+~을
이렇게 익히는 게 더 쉽고 오래 기억할 수 있습니다.

쉽게 말하자면, 4형식은 누군가에게 무엇을 줄 때 쓰는 것입니다.
동사는 '주다'의 의미를 가지고 있고 '~에게' '~을' 순서대로 구성이 됩니다.

동사 자체가 '주다'의 의미를 가진 경우는 4형식이 기본입니다!

give (주다) 　　　　bring (건네주다)
send (보내주다) 　　show (보여주다)

진우 gives 성희 a flower.
진우는 성희에게 꽃을 준다.

원래는 '주다'의 뜻이 아니지만
경우에 따라 '주다'의 뜻이 추가되는 경우도 있습니다.

make, teach, cook 등이 대표적입니다.

(A) 진우 **makes a doll.**
(진우는 **인형을** 만든다.)

(B) 진우 **makes 성희 a doll.**
(진우는 **성희에게 인형을** 만들어**준다.**)

이 점이 학생들이 형식을 어려워하는 이유이기도 합니다.

to부정사를 이야기하면서 한국어와 영어의 차이를 말씀드렸습니다.
한국어는 품사 등 문법이 바뀔 경우 친절하게도(?)
그 생김새가 달라집니다.

'만들다'가 '만들어주다'처럼 말입니다.

하지만 영어는 '만들다'도 make, '만들어주다'도 make입니다.

make라는 동사 뒤에 목적어 명사가 하나 오느냐 두 개 오느냐로
3형식인지 4형식인지 결정해야 합니다.

make 뒤에 서로 다른 명사가 두 개 오는지를 따진 경우
(B) 문장에서는 make 뒤에 '성희' 그리고 'a doll'이라는
서로 다른 명사가 오는 것을 확인할 수 있고
'성희에게' '인형을' 준다로 해석되는 4형식입니다!

teach의 경우도 마찬가지입니다.

(A) Mom teaches **English**. (엄마는 **영어를** 가르친다.)
(B) **진우 teaches 진우 English**. (진우는 **진우에게 영어를** 가르쳐준다.)

'요리하다' cook도 4형식으로 쓰일 때가 있습니다.

(A) 성희 cooks **pasta**. (성희는 **파스타를** 요리한다.)
(B) 성희 **cooks 진우 pasta**. (성희는 **진우에게 파스타를 요리해준다**.)

이렇게 기존의 동사 의미에 '주다'가 추가되는 경우도 4형식입니다.

※ 4형식이 3형식으로 바뀌는 경우 ※

중학교에 들어가서 학생들이 가장 어려워하는 문법 중 하나입니다.

3형식도 이해했고 4형식도 공부했다.
그런데 4형식을 3형식으로 바꾼다니
이건 또 무슨 말인가?

3형식과 4형식을 우리말로 하면

3형식 : 진우는 인형을 만든다.
4형식 : 진우는 성희에게 인형을 만들어준다.

4형식은 '~에게' '~을' 순서로 구성되는데
4형식이 3형식으로 바뀐다는 것은
'~에게' '~을' 순서가
'~을' '~에게'로 바뀐다는 것을 의미합니다.

'진우는 성희에게 **인형을** 만들어준다'는 문장을
'진우는 **인형을** 성희에게 만들어준다'로도 바꿀 수 있습니다.

사람이 언어생활을 하는데 현실적으로
'무엇을' 주었냐와 '누구에게' 주었냐가 비중이 똑같은 경우는 별로 없습니다.
중학교에 들어가서 학생들이 가장 어려워하는 문법 중 하나입니다.

경우에 따라
'누구에게' 주었냐가 더 중요할 때가 있고
'무엇을' 주었냐가 더 중요할 때가 있습니다.

그래서 우리말에서도 그에 따라
진우는 성희에게 인형을 만들어준다. / 진우는 인형을 성희에게 만들어준다.
두 문장은 크게 보면 같은 의미이지만
상황과 뉘앙스 차이에 따라 다르게 쓰입니다.

문제는 우리말의 경우, '~에게'가 먼저 오든 '~을'이 먼저 오든
상관없이 편하게(?) 쓸 수 있는데 반해
영어는 '~에게'가 먼저 올 때와 '~을'이 먼저 올 때 다 다릅니다.

'~에게'가 먼저 올 때는 4형식입니다.
주어+동사('주다'의 의미)+~에게+~을 와 같이 말입니다.

하지만 만약 '~을'을 먼저 쓰고 싶으면
우리말과 달리 번거롭더라도 전치사를 붙여줘야 합니다!
주어+동사('주다'의 의미)+~을+전치사+~에게

이것이 바로 4형식을 3형식으로 바꾼 것입니다.

중간의 전치사가 일종의 '딱풀' 같은 역할을 해
'~을'과 '~에게'를 붙여서 목적어 하나로 계산하여 3형식이 되는 것입니다.

주+동사('주다'의 의미)+**~에게**+**~을**
간접목적어 직접목적어 - 4형식
주+동사('주다'의 의미)+**~을**+**전치사**+**~에게**
목적어 - 3형식

전치사는 동사에 따라 to, for, of 셋 중에 하나가 들어옵니다.
역시 암기가 필요합니다.

※ 전치사 to가 오는 경우 ※

주어+동사(give, send, bring, show, tell, teach, write , lend 등)+~을+to+~에게

Give **me chocolate**. (나에게 초콜릿을 줘요.)
→ Give **chocolate to me**. (초콜릿을 나에게 줘요.)

Give **me it**. (나에게 그것을 줘요.)
→ Give **it to me**. (그것을 나에게 줘요.)

※ 전치사 for가 오는 경우 ※

주어+동사(make, buy, cook, get 등)+~을+for+~에게

진우 makes **성희 a doll**. (진우는 성희에게 인형을 만들어준다.)
→ **진우** makes **a doll for 성희**. (진우는 인형을 성희에게 만들어준다.)

※ 전치사 of가 오는 경우 ※

주어+동사(ask 등)+~을+for+~에게

성희 asks **him phone-number**. (성희는 그에게 전화번호를 물어본다.)

→ 성희 asks **phone-number of him**. (성희는 전화번호를 그에게 물어본다.)

05. 5형식

5형식은 주어+동사+목적어+목적격보어의 모습을 가집니다.

주격보어가 주어를 보충 설명하는 것이라면
목적격보어는 상대방 즉, 목적어를 보충 설명하는 역할을 합니다.

진우 makes mom happy.

happy가 목적격보어로서 앞의 목적어를 보충 설명합니다.
엄마(mom)가 행복하다(happy)라고 엄마의 상태를 보충 설명하고 있는 것입니다.

5형식은 그 자체로는 쉬워 보이지만 4형식과 많이 헷갈리는 형식입니다.
단순히 단어 3개가 나열되어 있다고 해서 2형식과 3형식이 헷갈리는 것처럼요.

2형식: 주어+동사+주격보어
진우 is a boy.

3형식: 주어+동사+목적어
진우 hit a boy.

4형식과 5형식도
단어 4개가 나열되어 있다는 점에서 단순히 똑같다고 착각하기 쉽습니다.

(~에게) (~을)
4형식: 주어+동사+간 · 목+직 · 목
진우 gives mom a cake.

5형식: 주어+동사+목적어+목적격보어
진우 makes mom happy.

목적격보어는 앞의 목적어를 꾸미는 것입니다.

4형식 문장인 '진우 gives mom a cake.'에서 a cake는 mom을 꾸미지 않습니다.
(물론 잔혹동화 같은 특수한 경우라면 모를까…)
일반적으로 케이크와 엄마는 전혀 다른 대상입니다.

반면 5형식 문장인 '진우 makes mom happy.'에서
happy는 mom을 보충 설명할 수 있습니다.

엄마(mom)가 케이크(a cake)가 될 수는 없지만 행복(happy)할 수는 있으니까요.

4형식과 5형식 모두 주어 동사 뒤에 '두 덩어리'가 나옵니다만
목적어를 보충 설명할 수 있냐 없냐를 따지시면 됩니다.

4형식: 주어 동사 ~에게 ~을
5형식: 주어 동사 목적어 목적격보어

make의 경우 특히,
3형식, 4형식, 5형식에 모두 쓰이기 때문에
헷갈리기 쉽습니다.

진우 makes a doll.
(만들다) (~을)

진우 makes mom a cake.
(만들어 '주다') (~에게) (~을)

진우 makes mom happy.
(앞의 mom의 상태를 꾸미는 보충설명!)

위에서 보듯이 make는 3, 4, 5형식 모두에 쓰입니다.

그렇기 때문에 형식을 파악하는 것이 힘든 학생들은
하나씩 하나씩 따져보는 연습을 필수로 해야 합니다.

형식에 있어서
특히, 4형식과 3형식 간에 서로 바꾸는 유형과
5형식의 여러 종류에 대한 유형은

각각 중학교, 고등학교 과정에서
학교 시험을 대비하기 위해 필수적입니다.

※ 목적격보어 이해하기 ※

5형식을 이해하는 데에 있어 핵심은 '목적격보어'를 이해하는 것입니다!
당연히, 5형식에서 제일 시험이 많이 나오는 것이
바로 '목적격보어'에 대한 것입니다.
목적격보어는 목적어를 보충 설명하는 것입니다.
문제는 이 목적격보어에 들어가는 게 많다는 겁니다.

목적격보어에는
1) 형용사
2) 명사
3) 동사가 들어갑니다.

(A) 진우는 성희를 **기쁘게** 만들었다.
(B) 진우는 성희를 **공주**라고 부른다.
(C) 진우는 성희가 **춤추는 것**을 본다.

(A), (B), (C) 밑줄 친 것은 모두 다 성희라는 목적어를 꾸미는
목적격보어입니다.

다만
(A)는 형용사
(B)는 명사
(C)는 동사가 쓰였습니다.

각각 목적격보어에 들어가는 명사를

1) '상태'로 꾸미던가**(형용사)**

2) '어떤 대상'이라고 보충 설명하던가**(명사)**

3) '무슨 행동'을 하고 있다라고 설명하는 역할**(동사)**을 합니다!

1) 목적격보어에 '형용사'가 들어가는 경우

목적격보어 중 가장 기본이라 할 수 있는 것이 바로
목적격보어에 형용사가 들어가는 경우입니다.

목적격보어는 목적어를 보충 설명하는 것입니다.
목적어에 들어가는 품사는 명사지요.
즉, 목적격보어는 명사를 꾸미는 역할을 합니다.
형용사가 명사를 꾸미는 역할을 하니까
자연히 목적격보어에 형용사가 들어가는 것이 기본입니다.
'형용사'는 명사의 '상태'를 보충 설명하는 역할을 합니다.
목적격보어에 '형용사'가 들어가는 경우는
목적어(명사)의 **'상태'**를 보충 설명하는 것입니다.

진우 makes mom happy. (진우는 엄마를 행복하게 만들었다)
에서 happy와

This movie made 성희 boring. (이 영화는 성희를 지루하게 만들었다.)

에서의 boring 모두
형용사이며 바로 앞의 명사를 보충 설명합니다.
명사의 '상태'를 보충 설명하는 역할을 합니다!

2) 목적격보어에 '명사'가 들어가는 경우

나는 그녀를 **행복하게** 만들었어. 의 경우
그녀라는 목적어를 꾸미는 것이 '행복하다'라는 형용사입니다.

나는 그녀를 **공주님이라고** 불렀다. 는
그녀라는 목적어를 꾸미는 것이 '공주님'이라는 명사입니다.

'그녀'라는 목적어 명사를 꾸미는 역할을 한 것이므로
명사인 '공주님'도 목적격보어인 것입니다.
이렇듯 목적격보어에 '명사'가 들어가는 경우도 있습니다.

대표적인 것인
call A B. A를 B라고 부르다.

진우 calls 성희 **princess(명사)**. (진우는 성희를 **공주님**이라고 부른다.)

name A B. A를 B하고 이름 붙이다.

He named this dog **Chris**. (그는 그 개를 **크리스**라고 이름 붙였다.)

elect A B. A를 B로 선출하다.

They elected him **the president**. (그들은 그를 **대통령**으로 선출했다.)

3) 목적격보어에 '동사'가 들어가는 경우

우리가 어떤 대상을 꾸밀 때
그 대상이 어떤 '행동'을 하고 있다고 꾸미기도 합니다.

예쁜 공주
잠자는 공주
둘 다 공주를 꾸미지만
'예쁜'은 '행동'이 아닌 어떤 '상태'인지를 이야기하는 경우이며
'잠자는'은 '상태'가 아니라 어떤 '행동'인지를 보충 설명합니다.

진우는 엄마를 화나게 만들었다. 에서
'화가 난'이라는 형용사가 엄마라는 목적어를 꾸미고

진우는 엄마가 방을 청소하게 만들었다. 에서는

'청소하다'라는 동사가 엄마라는 목적어를 꾸밉니다.

목적격보어 중에서 가장 시험에 많이 나오는
목적격보어에 동사가 들어가는 경우입니다.

그리고 이 경우
목적격보어에 들어가는 동사의 형태가
어떨 때는 **'동사원형'**
어떨 때는 **'to+동사원형'**
또 어떨 때는 **'~ing'** 형태를 취하며

각 경우에 대해 이해 및 암기가 필수입니다.

(1) 목적격보어에 '동사' 가 들어갈 때 동사의 형태가 '동사원형' 을 취하는 경우
: 동사 자리에 사역동사 make / have / let 중에 하나가 들어가고
목적격보어 자리에 동사가 들어갈 경우, '동사원형'의 형태만 취합니다.

Chris **makes** her do homework. (Chris는 **그녀가** 숙제를 **하게끔** 했다.)
(목적어) (목적격보어)

진우 **has** his friend use his pen. (진우는 **그의 친구가** 자신의 펜을 **사용**토록 한다.)
(목적어) (목적격보어)

성희 lets him go. (성희는 그가 **가도록** 해준다.)
(목적어) (목적격보어)

(2) 목적격보어에 '동사' 가 들어갈 때 동사의 형태가
'동사원형' or 'to+동사원형' 을 취하는 경우
: 준사역동사 help가 동사로 들어오면 목적격보어의 형태는
'동사원형' 아니면 'to+동사원형'의 형태를 가집니다.

진우 **helps his mom fix(=to fix)** the computer.
(목적어) (목적격보어)
(진우는 **엄마가** 컴퓨터 **고치는것**을 돕는다.)

They **help us study(=to study)** English.
(그들은 **우리가** 영어 **공부를 하는 것**을 돕는다.)

(3) 목적격보어에 '동사' 가 들어갈 때
동사의 형태가 '동사원형' or '~ing' 를 취하는 경우
: '시각, 청각, 후각, 미각, 촉각' 등 사람의 5감(感)을 뜻하는
'지각동사'가 동사 자리에 들어가면
목적격보어에 들어가는 동사 형태는 '동사원형' 아니면 '~ing'입니다.

We see **her dance(=dancing).** (우리는 **그녀가 춤추는 것을** 본다.)
(목적어) (목적격보어)

진우 heard **her cry(=crying)**.
(목적어) (목적격보어)

(4) 목적격보어에 '동사' 가 들어갈 때 동사의 형태가 'to+동사원형' 만 취하는 경우

: 목적격보어에 들어가는 동사가 무조건 'to+동사원형'만 가능한 경우!
고등학교 때까지 계속 나오는 부분입니다. 무조건 암기하셔야 합니다!

앞 글자를 따 '와따오에아' 라고 외우시면 쉽습니다!
따라해 보세요. '와따오에아'!

Want - 원하다
Ask - 요청하다
Tell - 말하다
Allow - 허락하다
Order - 명령하다, 주문하다
Expect - 기대하다, 예상하다
Advise - 충고하다

W.A.T.A.O.E.A (와따오에아)는 중학교 때 나오는 기본입니다!

Chris wants her to study English. (Chris는 그녀가 영어공부 하기를 원한다.)

진우 asks her to clean his room. (진우는 그녀에게 방을 청소해줄 것을 요청한다.)

성희 told him to fix the machine. (성희는 그에게 기계를 수리해 달라고 말한다.)

want와 ask로 이해를 더 돕도록 하겠습니다.

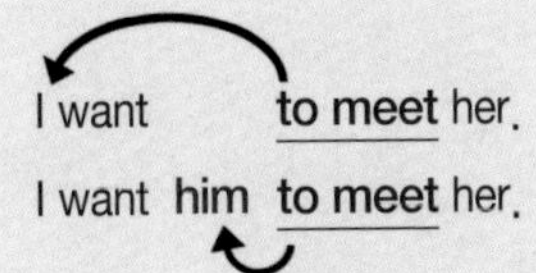

I want to meet her(나는 그녀를 만나는 것을 원한다) 와 달리
I want him to meet her는 목적어 him이 추가되었으며
결국 그녀를 만나는 행동을 주인공 내(I)가 하는 게 아니라
목적어 him(그)이 하는 5형식입니다.

want의 경우
want to동사원형과
want 목적어 to동사원형이 자주 나오므로 헷갈리는 경우가 많습니다.
동사원형에 들어가는 행동을 주인공이 하는 것인지
상대방에 해당하는 목적어가 하는 것인지 구별하면 됩니다.

I want to meet her에서는 그녀를 만나는 행동을 주인공 I가 하지만
I want him to meet her는 그녀를 만나는 행동을 목적어 him이 합니다.
그래서 5형식인 것입니다.

ask는 4형식으로도 쓰입니다.
그래서 ask는 4형식으로 쓰일 때와 5형식으로 쓰일 때
구분하는 것도 중요합니다.

ask가 4형식으로 쓰일 때는
ask 뒤에 목적어가 두 개, 즉 명사가 두 개 나옵니다.

ask 명사1 명사2 - 4형식
(~에게) (~을)

성희 asks 진우 his number. (성희는 진우에게 전화번호를 묻는다.)
명사1 명사2
(~에게) (~을)

ask가 5형식으로 쓰일 때는
ask 뒤에 목적어 명사 그리고 목적격보어로 쓰이는 to+동사원형
즉, ask 뒤에 명사 to+동사원형의 형태를 취합니다.

ask 명사1 to+동사원형 - 5형식
성희 asks 진우 to water plants. (성희는 진우에게 화분에 물을 달라고 요청한다.)

중학교 때 자주 나오는 W.A.T.A.O.E.A(와따오에아) 외에
고등학교 때 자주 나오는 표현들도 추가로 아셔야 합니다.

주어 enable 목적어 to+동사원형 : 목적어가 ~하는 것을 가능케 하다.

They enable her to go abroad.

주어 encourage 목적어 to+동사원형 : 목적어가 ~하도록 용기를 주다.

She encourages him to conduct this project.

주어 compel(= drive = force) 목적어 to+동사원형 : 목적어가 ~하도록 강제하다.

진우 compels his wife to cook his favorite food.

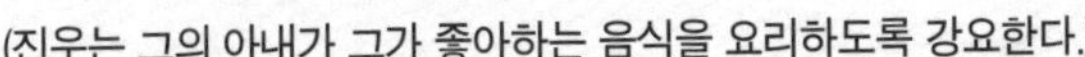

(진우는 그의 아내가 그가 좋아하는 음식을 요리하도록 강요한다.)

The recession drove the company to fire many workers.

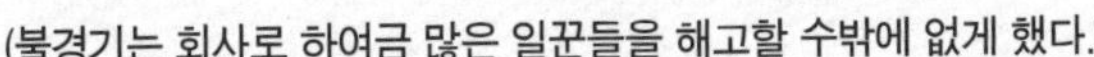

(불경기는 회사로 하여금 많은 일꾼들을 해고할 수밖에 없게 했다.)

Her teacher forces her to do extra-study.

(그녀의 선생님은 그녀가 나머지 공부를 할 수 밖에 없게 강제한다.)

CHAPTER 문장의 형식

02 확인 학습 문제

다음이 몇 형식 문장인지 쓰시오.

01. I cry. → ___형식

02. They run. → ___형식

03. she sleeps in her room. → ___형식

04. The sun rises. → ___형식

05. I cried on the street. → ___형식

06. I can run. → ___형식

07. I can run fast. → ___형식

08. I am happy. → ___형식

09. She is a teacher. → ___형식

10. He becomes a doctor. → ___형식

11. The door is black. → ___형식

12. The door gets black. → ___형식

13. She is pretty. → ___형식

14. she gets pretty. → ___형식

15. she gets a chance. → ___형식

16. This room is warm. → ___형식

17. This room keeps warm. → ___형식

18. He is a boy. → ___형식

19. He hits a boy. → ___형식

20. I eat pizza. → ___형식

21. I ate pizza. → ___형식

22. He eats an ice cream. → ___형식

23. He ate an ice cream in his room. → ___형식

24. She ate pizza yesterday. → ___형식

25. We give her cookies. → ___형식

26. They send him a message. → ___형식

27. I gave them many books. → ___형식

28. She cooks pasta. → ___형식

29. She cooks him pasta. → ___형식

30. We make a dog house. → ___형식

31. We make her a dog house. → ___형식

32. Let it go. → ___형식

33. Everybody thinks her cute. → ___형식

34. She calls her teacher 꼰대. → ___형식

35. I want to watch that movie. → ___형식

36. I want my parents to watch that movie. → ___형식

37. My teacher allowed me to eat snacks. → ___형식

38. I didn' t hear you call. → ___형식

39. He makes her use his notes. → ___형식

40. Her friends let her meet him. → ___형식

41. They saw the boy stealing money. → ___형식

42. She smelled the bread burn. → ___형식

43. We find her cheating in the test. → ___형식

44. His mother asked him to clean his room. → ___형식

45. The shoes can make you taller. → ___형식

46. Leave me alone. → ___형식

47. You must listen to this radio. → ___형식

48. She hears the birds sing. → ___형식

49. My parents call my friend the genius. → ___형식

다음의 4형식 문장을 3형식 문장으로 바꾸시오.

50. You give me some money.

→ ______________________________

51. I tell you the truth.

→ ______________________________

52. The woman showed us her paintings.

→ ______________________________

53. She teaches him Spanish.

→ ______________________________

54. My boyfriend bought me a new laptop..

→ ______________________________

55. He sent her many love letters.

→ ______________________________

56. 진우 asks 성희 her address.

→ ______________________________

57. They make us a set of chairs.

→ ______________________________

58. My grandmother cooked my friends delicious meals.

→ ______________________________

59. We bring her many flowers.

→ ______________________________

60. He wrote her his memos.

→ ______________________________

61. Pass me the salt.

→ ______________________________

62. They gave her friends gifts.

→ ______________________________

63. Did you send me a text message?

→ ______________________________

다음 문장의 동사를 참조하여 목적격보어에 들어간 동사를 바른 형태로 바꿔 쓰시오.
(동사원형일 경우에 그냥 두면 됨!)

64. She felt someone <u>to watch</u> her.

→ ______________________

65. They want him <u>eating</u> more foods.

→ ______________________

66. 성희 expects him <u>calling</u> her.

→ ______________________

67. 진우 allowed his friends <u>using</u> his computer.

→ ______________________

68. They let me <u>to do</u> it.

→ ______________________

69. He made his sisters <u>to go</u> out.

→ ______________________

70. I watched my dad and mom <u>to play</u> badminton.

→ ______________________

71. The ending of that drama made me <u>to cry</u>.

→ ______________________________

72. Did you see the car accident <u>to happen</u>?

→ ______________________________

73. This news drove her <u>being</u> shocked.

→ ______________________________

74. My boss ordered me <u>follow</u> her.

→ ______________________________

75. They advised her <u>divorce</u>.

→ ______________________________

76. He asked his parents <u>cheering</u> him.

→ ______________________________

77 She told her husband <u>be</u> quiet.

→ ______________________________

CHAPTER

03

엄마! 현재완료는 대체 또 뭐예요?

_ 현재와 과거 그리고 완료시제

현재와 과거 그리고 완료시제

CHAPTER 03

엄마! 현재완료는 대체 또 뭐예요?

_ 현재와 과거 그리고 완료시제

'현재 사실'을 설명하는 '현재시제'와
'과거 사실'을 설명하는 '과거시제'와 달리

'현재완료' 그리고 '과거완료' 같은 '완료시제'는
말도 딱딱하고 그 개념을 아이들이 처음부터 오롯이 이해하기 어렵습니다.

무엇보다
우리나라 말에서는 사실상 쓰이지 않는 시제입니다.
그러니 자연히 아이들에게는 어려운 문법입니다.

더군다나 동사의 p.p형도 암기를 해야 합니다.

완료시제의 개념과 함께
동사의 p.p형이 포함된 '동사 3단 변화'까지 암기를 도와드리도록 하겠습니다.

(A) Mom lives in Busan.

(B) Mom lived in Busan.

(C) Mom used to live in Busan.

아이들에게 완료시제를 제대로 이해시키기 위해서는
우선 시제에 대해서 명확하게 정리가 필요합니다.

(A)는 '현재시제'
(B)는 '과거시제'입니다.

'과거시제'는 과거에 있었던 일을 말하는 것이고
'현재시제'는 지금, 현재에 있는 일을 설명할 때 씁니다.

여기서 중요한 점은 '현재시제'는 '현재만',
'과거시제'는 '과거만' 설명한다는 것입니다.

'현재시제'를 쓰고 있는 (A) 문장은 반대입니다.
지금 부산에 살고 있다는 것은 알 수 있지만
과거에 어디에 살았었는지는 역시 (A) 문장을 통해서는 알 수 없습니다.

(B) 문장을 보면 주인공이 과거에 부산에 살았었다는 것을 알 수 있습니다.
하지만 거기까지입니다!
(B) 문장을 통해, 주인공이 지금 어디에 살고 있는지는 알 수 없습니다.

여전히 부산에 살 수도 있고 지금은 다른 곳에 살고 있을 수도 있습니다.
알 수 없습니다.

(C) 문장은 'used to + 동사원형' 표현이 쓰였습니다.
'used to + 동사원형'은 '과거에 ~하곤 했었다'로 해석됩니다.
그래서 과거시제와 헷갈리는 경우가 많습니다.
'과거시제'가 과거만 설명할 뿐 현재를 설명할 수 없는 반면
'used to + 동사원형'은 '지금은 아니다'라는 의미가 내포된 표현입니다.

(A) 문장과 (C) 문장이 똑같이
과거에 부산에 살았었다는 것을 설명한다는 점에서 공통점이 있지만
(A) 문장은 과거시제로 지금 어디에 사는지 설명할 수 없는 반면,
(C) 문장은 지금은 부산에 살고 있지 않다는 의미가 내포되어 있습니다.

저는 보통 아래의 표로 아이들에게 이해시키고 있습니다.

	과거	현재
현재시제	?	O
과거시제	O	?
used to+동사원형	O	X

여기에 '현재완료'를 추가해 보겠습니다.

	과거	현재
현재시제	?	O
과거시제	O	?
used to+동사원형	O	X
have p.p	**O**	**O**

현재완료는 과거와 현재를 동시에 설명하는 시제입니다.
이 개념을 확실하게 아이들에게 심어주시면 반은 먹고 들어가는 겁니다.

(A) Mom lives in Busan.
(B) Mom lived in Busan.
(C) Mom used to live in Busan.
(D) Mom has lived in Busan.

(D) 문장이 '현재완료' 시제를 활용한 표현입니다.

'현재완료'는 '과거와 현재'를 동시에 설명하는 시제입니다.
형태는 have p.p입니다.

'과거와 현재'를 둘 다 설명하기 때문에
(D) 문장은
예전에도 부산에서 살았고 지금도 부산에 살고 있다고 해석이 됩니다.

현재완료는
이렇게 다른 시제들과 같이 그 개념을 비교해야
잊어버리지도 않고 이해가 잘 됩니다.

시제는 동사의 형태를 바꿈으로써 표현합니다.
현재 시제의 경우, 동사의 '현재형'을
과거 시제의 경우, 동사의 '과거형'을 쓰는 것 같이
현재완료의 경우, 동사가 'have p.p'의 형태를 취합니다.

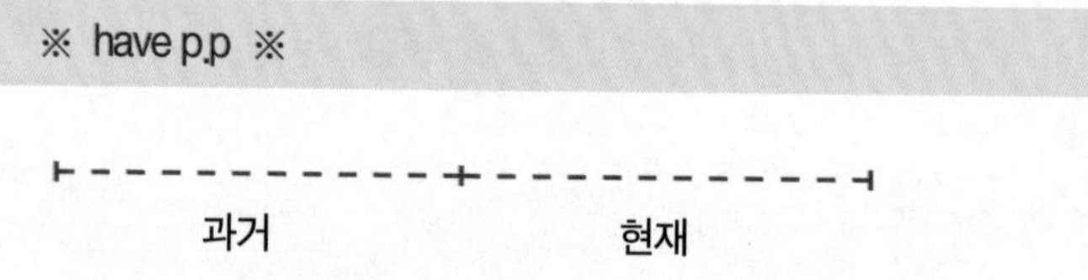

현재완료는 쓰는 상황에 따라 크게 4가지 경우로 나뉩니다.
(계속, 경험, 완료, 결과)
하나씩 보도록 하겠습니다.

※ 동사 3단 변화 ※

뜻	원형(현재시제)	과거	과거분사p.p
~이다	be(단수)	was	been
~이다	be(복수)	were	been
일어나다	arise	arose	arisen
(아이를) 낳다, 참다	bear	bore	born
~이 되다	become	became	become
시작하다	begin	began	begun
(바람이) 불다	blow	blew	blown
부수다	break	broke	broken
가져오다	bring	brought	brought
태우다, (불에) 타다	burn	burned	burned
사다	buy	bought	bought
건설하다	build	built	built
잡다, 붙잡다	catch	caught	caught
선택하다	choose	chose	chosen
오다	come	came	come
자르다	cut	cut	cut
(땅을) 파다	dig	dug	dug
하다	do/does(3인칭 단수)	did	done
그리다	draw	drew	drawn
마시다	drink	drank	drunk
운전하다	drive	drove	driven
먹다	eat	ate	eaten
떨어지다	fall	fell	fallen
느끼다	feel	felt	felt
싸우다	fight	fought	fought
발견하다	find	found	found

뜻	원형(현재시제)	과거	과거분사p.p
설립하다	found	founded	founded
날다	fly	flew	flown
잊다	forget	forgot	forgotten
포기하다	forgive	forgave	forgiven
얼다, 얼리다	freeze	froze	frozen
가지다, 점점 ~하다	get	got	gotten
주다	give	gave	given
가다	go	went	gone
자라다	grow	grew	grown
매달다	hang	hung	hung
가지다	have / has	had	had
듣다	hear	heard	heard
숨다	hide	hid	hidden
때리다	hit	hit	hit
잡다, 개최하다	hold	held	held
다치게 하다	hurt	hurt	hurt
지키다, 유지하다	keep	kept	kept
알다	know	knew	known
거짓말하다	lie	lied	lied
눕다	lie	lay	lain
놓다, 눕히다	lay	laid	laid
이끌다, 데리고 가다	lead	led	led
떠나다, 남기다	leave	left	left
빌리다	lend	lent	lent
~하게 하다	let	let	let
지다, 놓치다	lose	lost	lost
만들다	make	made	made

뜻	원형(현재시제)	과거	과거분사p.p
의미하다	mean	meant	meant
만나다	meet	met	met
실수하다	mistake	mistook	mistaken
지불하다	pay	paid	paid
놓다	put	put	put
읽다	read	read	read
(말을) 타다	ride	rode	ridden
울리다	ring	rang	rung
오르다	rise	rose	risen
뛰다	run	ran	run
말하다	say	said	said
보다	see	saw	seen
찾다, 추구하다	seek	sought	sought
팔다	sell	sold	sold
보내다	send	sent	sent
흔들다	shake	shook	shaken
보여주다	show	showed	shown
닫다	shut	shut	shut
노래하다	sing	sang	sung
가라앉다	sink	sank	sunk
앉다	sit	sit	sit
자다	sleep	slept	slept
냄새가 나다	smell	smelt	smelt
말하다	speak	spoke	spoken
소비하다	spend	spend	spend
서다, 견디다	stand	stood	stood
훔치다	steal	stole	stolen

뜻	원형(현재시제)	과거	과거분사p.p
강타하다	strike	struck	struck
수영하다	swim	swam	swum
가지다, 하다	take	took	taken
가르치다	teach	taught	taught
찢다	tear	tore	torn
말하다	tell	told	told
생각하다	think	thought	thought
이해하다	understand	understood	understood
(옷을) 입다	wear	wore	worn
이기다	win	won	won
(글을) 쓰다	write	wrote	written

확인 학습 문제

다음 빈칸을 채우시오.

뜻	원형(현재시제)	과거	과거분사p.p
~이다	be(단수)		
~이다	be(복수)		
일어나다	arise		
(아이를) 낳다, 참다	bear		
~이 되다	become		
시작하다	begin		
(바람이) 불다	blow		
부수다	break		
가져오다	bring		
태우다, (불에) 타다	burn		
사다	buy		
건설하다	build		
잡다, 붙잡다	catch		
선택하다	choose		
오다	come		

뜻	원형(현재시제)	과거	과거분사p.p
자르다	cut		
(땅을) 파다	dig		
하다	do/does(3인칭 단수)		
그리다	draw		
마시다	drink		
운전하다	drive		
먹다	eat		
떨어지다	fall		
느끼다	feel		
싸우다	fight		
발견하다	find		
설립하다	found		
날다	fly		
잊다	forget		
포기하다	forgive		
얼다, 얼리다	freeze		

뜻	원형(현재시제)	과거	과거분사p.p
가지다, 점점 ~하다	get		
주다	give		
가다	go		
자라다	grow		
매달다	hang		
가지다	have / has		
듣다	hear		
숨다	hide		
때리다	hit		
잡다, 개최하다	hold		
다치게 하다	hurt		
지키다, 유지하다	keep		
알다	know		
거짓말하다	lie		
눕다	lie		
놓다, 눕히다	lay		

뜻	원형(현재시제)	과거	과거분사p.p
이끌다, 데리고 가다	lead		
떠나다, 남기다	leave		
빌리다	lend		
~하게 하다	let		
지다, 놓치다	lose		
만들다	make		
의미하다	mean		
만나다	meet		
실수하다	mistake		
지불하다	pay		
놓다	put		
읽다	read		
(말을) 타다	ride		
울리다	ring		
오르다	rise		
뛰다	run		

뜻	원형(현재시제)	과거	과거분사p.p
말하다	say		
보다	see		
찾다, 추구하다	seek		
팔다	sell		
보내다	send		
흔들다	shake		
보여주다	show		
닫다	shut		
노래하다	sing		
가라앉다	sink		
앉다	sit		
자다	sleep		
냄새가 나다	smell		
말하다	speak		
소비하다	spend		
서다, 견디다	stand		

뜻	원형(현재시제)	과거	과거분사p.p
훔치다	steal		
강타하다	strike		
수영하다	swim		
가지다, 하다	take		
가르치다	teach		
찢다	tear		
말하다	tell		
생각하다	think		
이해하다	understand		
(옷을) 입다	wear		
이기다	win		
(글을) 쓰다	write		

01. 현재완료의 '계속적 용법'

현재완료의 4가지 쓰임 중 가장 기본적이고 이해하기 쉬운 게 '계속적 용법'이라고 생각합니다.

현재완료는 과거와 현재를 동시에 설명하는 시제이며 과거와 현재를 동시에 설명하는 경우 중 가장 흔한 것이 바로 과거에서부터 현재까지 계속 하는 것입니다.

(A) This shop **sells** blue jeans.

(B) This shop **sold** blue jeans.

(C) This shop **has sold** blue jeans for 22 years.

(A)가 동사의 현재형으로 '현재시제'이고
(B)는 동사의 과거형을 써서 '과거시제'를 표현합니다.

'이 가게는 22년 동안 청바지를 팔고 있다.'로 해석이 되는 (C)는 have p.p를 활용한 '현재완료'입니다.

22년 전부터 지금까지 '계속' 파는 행위 'sold'를 하고 있기 때문에 '계속적 용법'입니다.

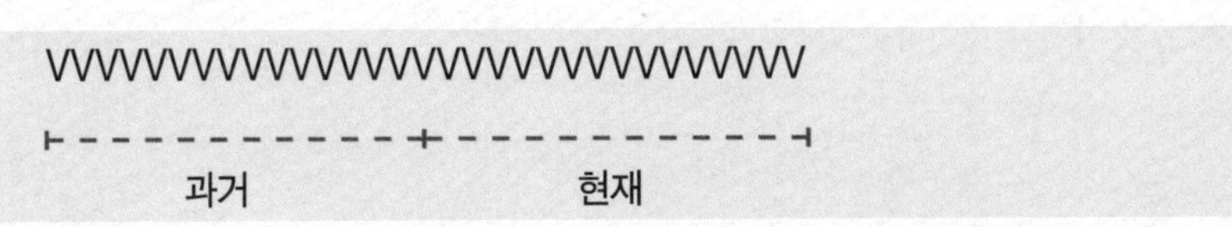

This shop has sold blue jeans for 22 years.
'sell'이 과거에서부터 현재까지 계속 되고 있기에 '계속'입니다.

(A) This shop **has sold** blue jeans **for** 22 years.
(B) This shop **has sold** blue jeans **since** 22 years.

(A)와 (B) 모두 과거에서부터 현재까지 계속하고 있는 현재완료의 '계속'적 용법입니다.
다만
for는 총 걸린 기간을 이야기하지만
since는 시작 시점이 언제인지를 이야기하는 표현의 차이만 있을 뿐입니다.
2022년을 기준으로 할 때
2000년부터 시작한 건
22년간 계속 해왔다는 것과 같은 것이지요.

22년간 계속 해 온 것을 설명하는 문장이
This shop has sold blue jeans for 22 years.

2000년부터 시작된 것을 기준으로 설명하는 문장이
This shop has sold blue jeans since 2000.

같은 뜻이지만 표현하는 방식이 다른 것뿐입니다.

02. 현재완료의 '경험적 용법'

현재완료는 과거에서부터 현재까지 시점을 다 아우르는 시제입니다.
계속적 용법이 have p.p에 들어가는
'동사'의 행동을 과거에서부터 현재까지 계속하는 경우라면

'경험적 용법'은 언제인지와 상관없이
(그 횟수도 상관없이)
'동사'의 행동을 과거와 현재 두 시제를 기준으로
한 적이 있느냐 없느냐를 설명하는 것입니다.
'과거시제'가 '과거'만을 기준으로 경험 여부를 묻고
'현재시제'가 '현재'만을 기준으로 경험 여부를 묻는 것과 비교하여

현재완료의 '경험'은 '과거'와 '현재'를 모두 기준으로 하여
경험 여부를 묻는 것입니다.

Have you **ever** eaten Spanish foods?
I have **never** heard it before.
My friends **have been to** Hawaii.

경험을 묻는 것이기에
경험 자체에 대한 유무 및
몇 번 경험했냐와 관련된 표현들과 호응이 됩니다.

ever - 여태껏 / never - 경험이 아예 없음(경험이 없는 것도 경험의 범주)

once - 한 번 / twice - 두 번

three times - 세 번 / many times - 여러 번

또한 have been은 '~갔다 온 적이 있다'라는 뜻이며
역시 경험에 해당합니다.

03. 현재완료의 '완료적 용법'

현재완료의 '완료'는 '현재'시제와 비교하면 이해가 더 쉽습니다.

(A) I **finish** my homework.

(B) I **have finished** my homework.

(A), (B) 둘 다 모두 우리말로 '나는 내 숙제를 끝냈다.'로 해석이 됩니다.
우리말에는 사실상 완료시제가 없다 보니
현재완료의 '완료'가 현재시제와 제일 헷갈리는 부분이며
완료시제를 어렵게 느끼도록 만드는 중요한 이유입니다.

(A)는 finish라는 행동이 지금 현재만 말하는 것입니다.
물론 그전, 과거에 어땠는지는 알 수 없고요.

(B)는 현재완료이므로 그래프로 이렇게 설명이 가능합니다.

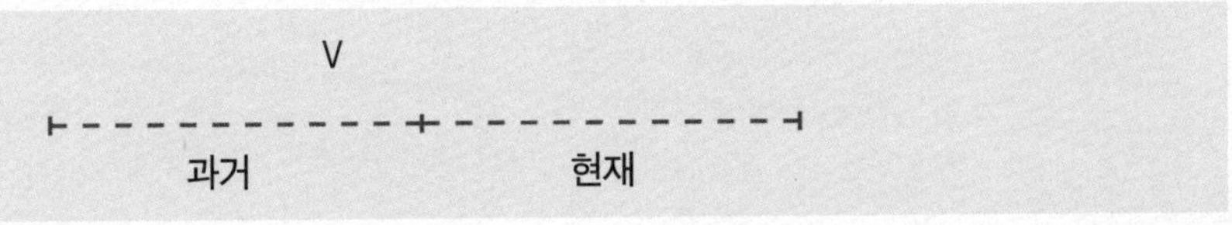

현재완료이기는 하지만 finish라는 동사의 뜻 성격상
'계속' 할 수가 없기 때문에 '계속적 용법'이라 할 수는 없겠죠.

(A) I **finish** my homework.

(B) I **have finished** my homework.

현재완료인 (B) 문장은 현재시제와
'지금 끝냈다'라는 해석이 유사하다는 점에서 헷갈리는 지점이 있으나

현재시제와 달리
(B) 문장의 'finish'는 단순히 현재에만 걸려있는 게 아니라
과거에서부터 비롯된 것이라 차이가 있습니다.

그냥 지금 '끝난 것'만 이야기하는 것이 아닌
지금 '끝나기 위해' 그 이전부터 준비가 되어 왔다는 뉘앙스가 숨어 있는 표현입니다.

(A)는 '나는 숙제를 끝냈다'로 해석된다면
(B)는 나는 '막 또는 방금 숙제를 끝냈다'에 가깝습니다.

언어는 뜻도 중요하지만 뉘앙스도 중요한 법입니다.

I have **just** finished my homework.

You have **already** done it.

We have not met her **yet**.

just / already / yet은
현재완료의 '완료적 용법'과 많이 어울리는 표현들입니다.

04. 현재완료의 '결과적 용법'

현재완료의 '완료적 용법'이 현재시제와 비교된다면
현재완료의 '결과적 용법'은 과거시제와 비교됩니다.

현재완료가 '과거와 현재'를 동시에 설명하다 보니
자연히 '과거시제와 비교되는 것'과 '현재시제와 비교되는 것'

이렇게 두 용법이 있다고 생각하시면 되겠습니다.

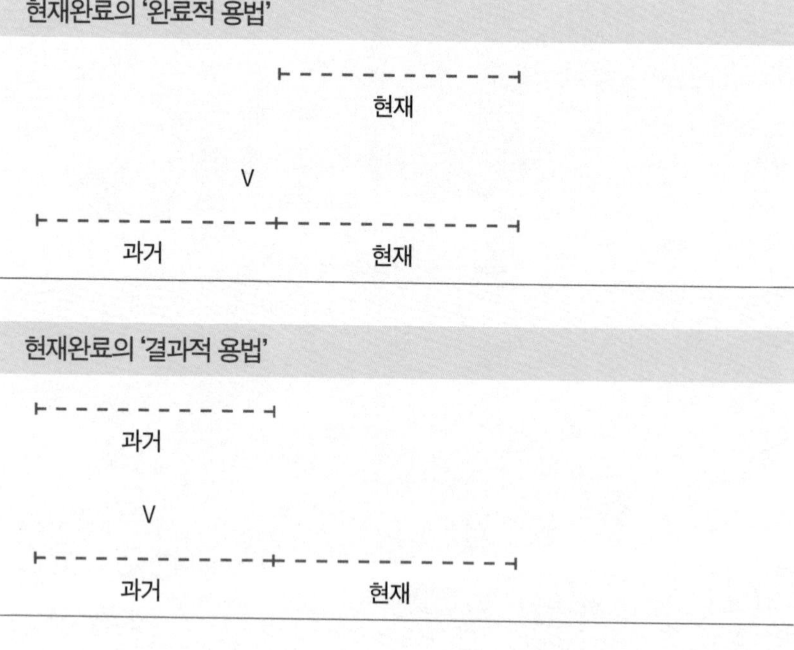

현재완료의 결과적 용법은 현재완료이기는 하지만
실제 p.p 자리에 들어가는 동사의 행동은 과거에 딱 한 번 일어나고
그 영향과 여파가 현재 계속되는 것을 의미합니다.

(A) She **has lost** her wallet.
(B) He **has broken** his neck.
(C) They **have gone** to Hawaii.

(A)의 'have lost'는 현재완료이지만 lose(잃어버리다)의 뜻 특성상
과거에서부터 지금까지 '계속 잃어버린다는 건' 현실적으로 말이 안 되므로
'계속적 용법'은 아닙니다.

과거시제는 과거만 설명합니다.
지금 어떤지는 알 수 없죠.

She lost her wallet.이 과거에 잃어버린 것만 설명한다면
She has lost her wallet.은 과거에 잃어버린 것은 물론
현재도 아직 그 상태가 유지되고 있다는 뜻이 포함되어 있습니다.

(A)는 'She lost her wallet.'이라는 '과거' 의미에
Still, she doesn't find it yet.
즉, 아직도 그것을 찾지 못했다는 지금 상태의 의미가 내포되어 있는 것입니다.

(B)도 마찬가지입니다.
계속해서 목이 부러지면 좀 이상하죠?
목이 과거에 부러졌는데 아직도 안 낫고 있는 상태인 것입니다.

(C)는 '경험적 용법'에 나오는 have been과 자주 비교하는 문제가 나옵니다.
have been to 는 '갔다 온 적이 있다'라는 뜻이라면
have gone to 는 '가서 아직도 거기에 있다'라는 뜻입니다.

'가서 아직도 거기 있는 상태'이니 결과적 용법인 것입니다.

위의 현재완료 네 가지 용법을 보다 더 명확히 구분하는 방법은
각각의 용법에 쓰이는 표현들을 암기하는 것입니다!

※ 완료 - set 메뉴 ※	
계속적 용법	for, since, How long
경험적 용법	ever, never, once, twice, three times, many times, before
완료적 용법	already, just, yet
결과적 용법	have gone / have lost / have broken

※ 과거완료 ※

과거보다 더 과거를 뜻하는 '대과거'부터
과거까지 있었던 일을 표현하는 '과거완료'도 있습니다!

지금 진우라는 학생이 중학교 3학년이라고 할 때
중학교 1학년 때부터 지금까지 성희라는 학생과 사귀고 있다면
중1이라는 과거에서부터 지금을 다 설명하니까
'현재완료' 시제에 해당합니다.

진우 has met 성희 since 중학교 1학년.

하지만 초등학교 5학년 때부터 중학교 1학년 때까지
성희라는 학생과 사귀었다면. 사귀기 시작한 것과 끝난 것 모두
지금을 기준으로 다 과거이며 처음 시작한 것이
상대적으로 더 과거인 '대과거'입니다.

이렇듯 지금 '현재'를 기준으로 시작한 것과 끝난 것 모두 과거의 일이면
시작한 것은 상대적으로 더 과거이니 '대과거'이며
'대과거'에서 '과거'까지의 시점 모두 설명하는 것을 '과거완료'라고 합니다.

과거완료의 형태는 had p.p형이며
실제 학교 문제에서는 과거보다 더 이전에 있었던 일을 설명할 때 쓰입니다!

과거보다 더 과거의 일을 물어보는 것은
크게 두 가지 경우인데요.

하나는 대놓고 before / after를 활용하여
시간의 전후를 확실하게 선 긋는 경우입니다.

Before 진우 met her, he had done his homework.
(그녀를 만나기 전에, 진우는 숙제를 다 마쳤다.)

그녀를 만나는 (meet의 과거 - met) 전에
즉, 과거 이전에 한 것이 바로
숙제를 마친 것이므로
과거보다 더 과거
과거완료를 활용해 표현합니다.
그래서 do라는 동사를 had p.p를 활용하여 had done이라 했습니다.

또 한 가지는 before / after처럼 직접적이지는 않되
해석을 통해 사건의 순서를 자연스럽게 생각하게 하는 경우입니다.

When 진우 came back to his home,
he noticed that 성희 had stolen his bed.
(진우가 집에 돌아왔을 때, 그는 성희가 자신의 침대를 훔쳐간 것을 알게 되었다.)

Before / after가 없지만 해석을 통해 봤을 때
진우가 집에 돌아와서 (come back의 과거 - came back)
무언가를 알기 (notice의 과거 - noticed) 전에

즉, 과거보다 더 이전에
성희가 침대를 훔쳐간 것이 먼저이므로
성희의 행동을 had p.p, 과거완료로 표현했습니다!

이처럼 과거보다 더 이전 일을 설명할 때 쓰는 것이 바로 과거완료입니다.

※ 다른 문법과의 결합 ※

현재완료는 그 자체로도 학생들에게 어렵지만
다른 문법과 결합되는 경우 또한 많습니다.

진행시제와 결합되는 것부터 설명해드리겠습니다.

1) 현재완료진행 : 현재완료 + 진행

have p.p

be ~ing

= have been ~ing

(A) 진우 have studied English. (have p.p: 현재완료) 과거+현재
(진우는 예전부터 지금까지 영어를 공부한다.)

(B) 진우 is studying English. (be+ing: 현재진행) 지금 ~하는 중
(진우는 지금 이 순간, 영어를 공부하는 중이다.)
= 진우 **has been studying** English. (과거+현재+지금 이 순간까지)
= (진우는 예전부터 지금 이 순간까지 영어를 공부하는 중이다!)

2) 현재완료수동 : 현재완료 + 수동

have p.p (현재완료: 과거~현재)

be p.p (수동: 주인공이 ~당하다)

= have been p.p

성희 **has been abused** by him. (성희는 예전부터 지금까지 그에게 학대를 받고 있다.)

3) 조동사 have p.p

have p.p는 조동사와의 결합하여 응용이 가능합니다.
조동사는 will, can, may, must, should 등이며
조동사 뒤에는 무조건 동사원형이 옵니다.

그런데 사람이 언어생활을 할 때 정말 다양한 경우가 있지 않습니까.
조동사를 써서 지나간 일을 설명하고 싶은데…
조동사 다음에는 동사원형밖에 못 쓰니까 과거시제를 쓸 수 없잖아요!
그러면 어떻게 해야 할까요?
바로 조동사 뒤에 have p.p를 쓰는 것 입니다.

have p.p는 'have'라는 동사원형으로 시작하지만
have p.p는 과거와 현재를 동시에 설명하기에 그 안에 '과거'시점도 포함되어 있죠.
그렇기에 조동사를 활용해서 지나간 일을 설명하고 싶을 때
바로 이 '조동사 have p.p'를 씁니다.
당연히 '조동사 have p.p'는 '지나간 일'에 대한 설명을 할 때 씁니다!

should have p.p: ~했었어야 했는데 (과거에 대한 후회)
should not have p.p: ~하지 않았어야 했는데

진우 **should have met** her. : 진우는 그녀를 만났어야 했다.
진우 **should not have met** her. : 진우는 그녀를 만나지 않았어야 했다.

may have p.p: 아마 ~ 했었을 텐데 (과거에 대한 추측)

성희 **may have been** to Madird.
성희는 아마 (예전에) 마드리드에 있었을 텐데.

must have p.p: 틀림없이 ~ 했었을 텐데 (과거에 대한 확신)

성희 **must have been** to Madird.

성희는 틀림없이 (예전에) 마드리드에 있었을 것이다.

cannot have p.p: ~했었을 리가 없다. (과거에 대한 의심)

They **cannot have bought** this car.

그들이 이 자동차를 샀었을 리가 없다.

cannot have p.p는 모양의 유사함 때문에 다음과 헷갈리면 안 됩니다!

cannot help ~ing

= cannot but + 동사원형

= have no choice but to + 동사원형

: ~할 수 밖에 없다!

They **cannot have bought** this car.

그들이 이 차를 샀었을 리가 없다.

They **cannot help buying** this car.

그들은 이 차를 살 수 밖에 없다.

= They **cannot but buy** this car.

= They **have no choice but to buy** this car.

CHAPTER

03 확인 학습 문제

다음 문장이 현재완료의 무슨 용법으로 쓰인 것인지 '계속', '경험', '완료', '결과' 중 선택하여 쓰시오.

01. I have lived here since 1999. (   )

02. They have sold it for 10 years. (   )

03. I have worn glasses since I was six. (   )

04. Have you ever heard of this noise? (   )

05. I have never seen a camel. (   )

06. He has just finished his homework. (   )

07. I have lived in New York once. (   )

08. They have not finished the project yet. (   )

09. I have eaten at this restaurant twice. (   )

10. 진우 has lost his wallet. (   )

11. 성희 has broken her neck. (   )

12. They have visited her house once. (   )

13. Since 2000, They have known each other. (   )

14. Have you done your work already? (   )

15. She has been to Tokyo. (   )

16. She has gone to Tokyo. (   )

17. We have worked here for ten years. ( )

18. Have you ever played gate ball? ( )

19. I have just answered a call from 성희. ( )

20. 진우 has wanted to buy this house since last year. ( )

CHAPTER

04

엄마!
갑자기 뭐가
생략되고,
해석을 뒤에서
거꾸로 하래요!

_ 관계대명사 그리고 관계부사

그래머

GRAMMAR

관계대명사 그리고 관계부사

CHAPTER 04

엄마! 갑자기 뭐가 생략되고, 해석을 뒤에서 거꾸로 하래요!

_ 관계대명사 그리고 관계부사

관계대명사는 그 용어 자체로 학생들에게 어렵게 느껴지는 것이 사실입니다.
관계대명사라는 용어를 몰라도 상관없습니다.

쉽게 말해서 어떤 명사에 대한 부연 설명이라고 생각하면 됩니다.

가령, 진우는 학생이다. 라는 문장이 있다고 가정할 때

그녀를 사랑하는 진우는 학생이다라는 식으로 문장이 길어지면
그녀를 사랑하는 이라는 부분이 진우라는 명사를 보충 설명하게 됩니다.

'그녀를 사랑하는'이 '진우'라는 명사를 보충 설명하듯이
특정한 명사를 부연 설명할 때
등장하는 문법이 바로 관계대명사입니다.

※ 관계대명사와 접속사의 차이 ※

많은 학생들이 '관계사'와 '접속사'를 헷갈려 합니다.

I know that Stella loves him.
I know Stella that loves him.

똑같은 that이지만 첫 번째 문장의 'that'은 접속사
두 번째 문장의 that은 관계사입니다.(더 정확하게는 '관계대명사')

나는 스텔라가 그를 사랑한다는 것을 안다.
나는 그를 사랑하는 스텔라를 안다.

접속사는 두 문장을 연결하는 역할을 합니다.
관계사는 두 문장을 연결한다는 점에서는 동일하지만
하나가 다른 하나에 포함되는 관계, 즉 꾸며주는 역할을 합니다.

다시 한번 강조하자면
특정한 명사만을 보충 설명할 때 활용되는 것이 바로 관계대명사입니다!

01. 관계대명사

관계대명사는 글자 그대로
'관계'와 '명사'를 띄어서 그 의미를 생각해보면 됩니다.

나는 **진우**를 안다.
\+ **진우**는 엄마를 사랑한다.
= 나는 **엄마를 사랑하는** 진우를 안다.

위 예문처럼
'진우'라는 겹치는 명사를 연결하여
한 문장으로 만드는 데서 탄생하는 것이 '관계대명사'입니다.
문장의 '관계'를 이어주는 대명사
그것이 바로 '관계대명사'입니다.

나는 진우를 안다.
\- I know 진우.

진우는 엄마를 사랑한다.
\- 진우 loves mom.

나는 엄마를 사랑하는 **진우**를 안다.
= I know **진우 that** loves mom.

위 예문에서 that이 관계대명사입니다.
그리고 그 앞의 명사는 '앞에 있다'라는 의미로 '선행사'라고 불립니다.

어떤 대상에 대한 보충설명을 관계대명사 이후가 하고 있는 것입니다.

진우인데 어떤 진우인가? 엄마를 사랑하는 진우.

관계대명사는 **주격 관계대명사**와 **목적격 관계대명사** 그리고
소유격 관계대명사가 있습니다.
(소유격 관계대명사는 과감하게 제외! 시험 출제 비중으로 보면 거의 안 나옴)

주격 관계대명사와 목적격 관계대명사를 순서대로 설명해보겠습니다.

1) 주격 관계대명사

주격 관계대명사는 관계대명사가 주어를 보충 설명하는(?) 것입니다.

나는 **진우**를 안다. + **진우**는 엄마를 사랑한다.
= 나는 **엄마를 사랑하는** 진우를 안다.

이것을 영어로 바꿔보겠습니다.

I know 진우. + 진우 loves mom.
= I know 진우 who(=that) loves mom.

선행사가 사람일 때는 관계대명사를 who를 씁니다.
선행사가 사람이 아닐 때는 which를 씁니다.

나는 그녀의 강아지를 기억한다. + 그녀의 강아지는 많이 아팠다.
= 나는 많이 아팠던 그녀의 강아지를 기억한다.

I remember her dog. + Her dog was very sick.
= I remember her dog which(=that) was very sick.

그리고 편의상, 두 가지 모두 다 that으로 바꿔 쓸 수 있습니다.
쉽게 아이들 표현으로 '치트 키'인 것입니다.

그래서 많은 학교들이 실제 시험에서는 이 that은 못 쓰게 하는 경우가 많습니다.

2) 목적격 관계대명사

나는 진우를 사랑한다. + 그녀는 진우를 사랑한다.
= 나는 그녀가 사랑하는 진우를 사랑한다.

I know 진우. + She loves 진우.
= I know 진우 who(=that) she loves.

목적격관계대명사는 선행사가 사람인 경우
Whom입니다. who나 that으로도 바꿔 쓸 수 있습니다.
역시 학교 시험에서는 학생들이 실제 차이점을 아는지 확인하기 위해
Whom만 쓰도록 하는 경우가 있습니다.

선행사가 사람이 아닌 경우에는 which를 씁니다.

나는 엄마가 사랑하는 진우를 안다.
I know 진우 that(=who=whom) mom loves.

나는 엄마가 요리한 파스타를 먹었다.

I ate pasta which(=that) Mom cooked.
= I ate pasta. + Mom cooked pasta.

주격 관계대명사와 목적격 관계대명사는 헷갈리기 좋습니다.

개념을 이해할 때
한꺼번에 둘을 써 놓고 한 눈에 비교하는 게
제 경험상 오래 기억하는 것 같습니다.

특히 삼각관계를 예로 들면 재미있어 합니다.

나는 그녀를 좋아하는 진우를 사랑한다.
I love 진우 who likes her.

나는 그녀가 좋아하는 진우를 사랑한다.
I love 진우 whom she likes.

※ 관계대명사 that만 되는 경우 ※

관계대명사는 주격 관계대명사이든 목적격 관계대명사이든 선행사가 사람이든 사람이 아니든 간에 '치트 키'가 있습니다. 바로 **that**입니다.

어떠한 경우에도 that을 쓰면 됩니다. 반대로 that만 써야 하는 경우가 있습니다. 역시 선행사를 따져주면 됩니다.

선행사가 사람일 때는 who, 사람이 아닐 때는 which입니다.

하지만 사람이 하는 말을 할 때에는 분명하지 않게, 막연하게 말할 때도 분명 있지요. 선행사가 사람인지 사물인지 분명치 않거나 사람과 사람 아닌 것이 동시에 선행사에 있을 때는 that만 써야 합니다.

선행사가 사람과 사람 아닌 것이 동시에 들어가면 who를 써서는 사람 아닌 것을 설명할 수 없고, which를 써서는 사람을 설명할 수 없으므로 둘 다 설명이 가능한 that을 쓴다고 생각하면 됩니다.

또 선행사가 something 같은 '구체적이지 않은 것'이 들어올 때는 something이 사람인지 사람이 아닌지 확신할 수 없기 때문에 역시 안전한 that을 쓴다고 생각하면 됩니다.

이 외에도 선행사에 **최상급, The only,**
혹은 '몇 번째'라는 **서수 표현**이 나와도 관계대명사 that만 써야 합니다.

02. 관계부사

관계대명사가 특정 명사에 대한 부연 설명 역할을 한다면
장소나 시간 등을 담당하는 부사 표현에 대한 부연 설명도 존재합니다.

명사를 부연 설명하는 것이 '관계대명사'
부사를 부연 설명하는 것은 '관계부사'

'부사'는 다음과 같이
보통 문장 맨 뒤에서
주인공이 어떤 일을 한 것에 대한 시간과 장소 등을 부연 설명합니다.

I met her **in her school**.
I met her **yesterday**.

그렇다면 관계부사는 바로 이 부사에 대한 부연 설명입니다.

나는 작년 크리스마스를 기억한다.
+ 진우는 작년 크리스마스 때 그녀에게 고백했다.
= 나는 진우가 그녀에게 고백을 했던 작년 크리스마스를 기억한다.

작년 크리스마스라는 특정 시간을 보충 설명하는
부사 표현에 대한 보충 설명이 관계부사입니다.

부사는 '장소, 방법, 시간, 이유', 즉 '장.방.시.이'를 표현하는 역할을 합니다.
각각 장소, 방법, 시간, 이유에 대한 부연 설명을 하는
관계부사들을 설명하겠습니다.

1) 관계부사 where

where는 장소와 관련되어 있습니다.

장소를 나타내는 선행사 명사 뒤에 관계부사 where가 나오면
그 뒤로는 장소를 꾸며주는 부연 설명이 나옵니다.

I remember **청계천**.

청계천이라는 장소를 꾸미는 표현을
관계부사 where와 그 뒤의 표현들이 구체적으로 꾸며줍니다.

I remember **청계천** **where I met her**.
나는 내가 그녀를 만났던 청계천을 기억한다.

2) 관계부사 when

when은 '시간'과 관련이 있습니다.

I remember last Christmas.

지난 크리스마스(Last Christmas)를 관계부사 when 뒤의 표현이 꾸며줍니다.

I remember last Christmas **when I kissed him**.
나는 내가 그와 뽀뽀를 한 지난 크리스마스를 기억한다.

3) 관계부사 why

He knows the reason.

the reason은 '이유'라는 뜻입니다.
어떤 이유인지 설명하는 표현을
관계부사 why와 그 뒤 표현이 꾸며줍니다.

He knows **the reason why** she screamed.
그는 왜 그녀가 소리를 질렀는지 이유를 안다.

why she screamed가 the reason을 구체적으로 설명해 줍니다.

4) 관계부사 how

how는 '어떻게'라는 뜻입니다.
'방법'에 대한 구체적인 설명을 할 때 관계부사 how를 씁니다.

성희 knows **the way how he studied English**.
성희는 그가 어떻게 영어를 공부했는지 방법을 안다.

문제는 'the way'가 방법이란 뜻만 있는 게 아니라는 것입니다.

'the way'는 '방법'의 뜻 외에도 물리적인 '길'의 뜻도 있습니다.
그렇기에 the way는 사실 '방법'과 '길' 두 가지로
모두 해석이 가능합니다.
이렇게 the way에는 '방법'인 관계부사 how
그리고 '장소'인 관계부사 where 두 가지 다 적용이 가능합니다.

다음의 두 문장을 보도록 하겠습니다.

I don' t know the way where I go. (나는 내가 가는 장소를 모른다.)
I don' t know the way how I do. (나는 내가 해야 하는 방법을 모른다.)

첫 번째 문장에서 the way는 '장소'를
두 번째 문장에서의 the way는 '방법'을 뜻합니다.

이렇게 the way가 두 가지 뜻이 있으므로
'장소'로 쓰인 것인지 '방법'으로 쓰인 것인지
학생들이 많이 헷갈려하는데요.

그래서 관계부사에서는 the way를 '장소'로 쓸 때와
'방법'으로 쓸 때 구분합니다.

관계부사 where는 물리적인 장소를 보충 설명할 때 씁니다.
그래서 the way가 '물리적인 장소'의 뜻으로 쓰일 때
관계부사 where가 쓰입니다.

I don' t know the way **where** I go. (나는 내가 가는 장소를 모른다.)

반면, the way가 '방법'의 뜻으로 쓰일 때는
관계부사 how를 써야 하는데요.

the way의 뜻을 구분하기 위해
'방법'의 뜻일 때는
the way 아니면 how 둘 중에 하나를 쓰지 않습니다!

I don' t know the way how I do. (나는 내가 해야 하는 방법을 모른다.)

↓

I don' t know the way I do. or I don' t know how I do.

이렇게 둘 중에 하나만 써야 하는 것입니다.

정리하면, 선행사와 관계부사 where를 동시에 다 쓰면,
the way가 물리적인 '장소'의 뜻으로 쓰인 것이고

선행사나 관계부사 how 둘 중에 하나만 쓰면,
the way가 '방법'을 뜻하는 선행사가 되는 것입니다.

결론적으로 관계부사 how는 예외적으로
선행사와 같이 쓸 수 없습니다!

헷갈린다고 투덜거릴 수도 있지만,
따지고 보면 오히려 친절하게 교통정리를 한 것이라 할 수 있습니다.

※ 관계대명사와 관계부사 구별하는 법 ※

학교에서 접하게 되는 문법 문제의 많은 것들은
'구별하는 능력'을 갖추고 있냐를 알아보는 것입니다.

관계대명사와 관계부사도 구별할 줄 아냐를 물어봅니다.

둘 다 앞에 있는 선행사를 꾸민다는 점에서 공통점이 있지만
꾸미는 대상이 하나는 명사
또 하나는 부사입니다.

이 점을 감안하여 둘을 구별하면 됩니다.

관계대명사는 명사를 보충 설명합니다.
명사는 문장에서 주어 아니면 목적어 역할을 담당하므로
관계대명사는 주격 관계대명사 아니면 목적격 관계대명사로 나뉩니다.

(A) I know 진우 **who loves Jane**.
(B) I know 진우 **who Jane loves**.

(A) 문장은 주격관계대명사가 쓰인 것이고
(B) 문장은 목적격관계대명사가 쓰인 것입니다.

둘 다 공통점은 뒤의 문장이 불완전하다는 것입니다.

불완전하다는 것은 주어 혹은 목적어가
없다는 것을 의미합니다.

(A)는 주어가 없고 (B)는 목적어가 없습니다.
각각 없는 것이 선행사로 쓰인 것입니다.

주격관계대명사는 뒤에 주어가 없고(**who** 주어x loves Jane.)
목적격관계대명사는 뒤에 목적어가 없습니다.(**who** Jane loves 목적어x)

I remember last Christmas **when She met him**.

위 문장은 '지난 크리스마스'라는 특정 시점이 선행사로 쓰였고
시간이기에 관계부사는 when이 쓰였습니다.

관계대명사와 달리 관계부사 뒷문장이
주어와 목적어가 다 있는 '완전한 문장'임을 알 수 있습니다.

즉, 관계대명사와 관계부사는
뒤가 '주어와 목적어 혹은 보어'가 다 들어 있는
완전한 문장이 뒤따르는지(관계부사)
'주어가 없든가 목적어나 보어가 없는'
불완전한 문장이 뒤에 따라오는지(관계대명사)를 따지면 됩니다.

※ 관계대명사의 생략 ※

문법에서 학생들이 어려워하는 것들 중 하나가
바로 '수학 공식'처럼 기껏 잘 암기까지 했는데
생략된다고 하는 경우를 만날 때입니다.

'생략'하는 경우는 말 그대로 생략하는 겁니다.
써도 크게 상관은 없는데
말을 편하게 하기 위해 생략하는 것이라고 전달하면 쉽게 이해할 겁니다.

실제 아이들은 '말줄임' 표현을 많이 쓰니까요.

'무한도전'도 뭐가 길다고 '무도'라고 줄이고
'얼어 죽어도 아이스 아메리카노'도 '얼죽아'라고 하잖습니까.

그런 거랑 똑같다고 이야기하면 됩니다.

우선 목적격 관계대명사는 그 자체로 생략이 가능합니다.

I know 성희 who 진우 loves.
(목적격 관계대명사)

생략이 되는 상황이라는 것은
학생들을 힘들게 하려는 것이 아니라
오히려 간단하게 쓰기 위함입니다.

굳이 없어도 되는 것.
간편하게 생략하자!

즉, 생략하기 위해서는
없어도 의미 전달에 전혀 지장이 없거나
문장을 해석하는 데 문제가 없는 경우입니다.

I know 성희 who 진우 loves.
(목적격 관계대명사)

에서 목적격 관계대명사가 생략되면

I know 성희 진우 loves.

목적격 관계대명사가 없더라도
'성희'라는 명사 다음에 갑자기 뜬금없이 다른 명사인 '진우'가 나왔으니
당연히 '성희'와 '진우' 사이를 끊어서 해석할 것입니다.

명사 다음에 갑자기 다른 명사가 나오고
그 뒤로 목적어가 없는 불완전한 형태가 이어지면
명사와 그 다른 명사 사이에는
목적격 관계대명사가 생략되어 있다고 보면 됩니다.

반면에, 주격 관계대명사는 그 자체로 생략할 수 없습니다!

다만 주격 관계대명사 뒤에 be동사가 나올 경우
주격 관계대명사와 be동사가 같이 세트로 생략이 가능합니다.

생략이 가능하다는 것은 생략이 되어도 의미 전달에 지장이 없는 경우입니다.
be동사가 생략되어도 되는 경우는 be동사가 의미 전달을 담당하고 있지 않기 때문입니다.

be동사가 쓰이지만 be동사가 의미 전달을 담당하고 있지 않은 경우는
be동사 뒤에 ~ing가 오거나
be동사 뒤에 p.p형이 오는 경우 둘 뿐입니다!

즉, 주격 관계대명사 바로 뒤에 be동사 + ~ing 나
be동사 + p.p형이 오는 경우
주격 관계대명사와 be동사는 생략이 가능합니다.

참고로 be동사 뒤에 ~ing나 p.p형이 오는 경우는
앞에 있는 명사를 보충 설명할 때입니다.
구체적인 설명은 2권에서 분사를 다룰 때 말씀드리겠습니다.

I see a bird which is singing. (나는 노래하고 있는 새를 본다.)
(주격관계대명사+be동사 생략 가능)

I bought a new phone which is made in China. (나는 중국에서 만들어진 새로운 핸드폰을 샀다.)
(주격관계대명사+be동사 생략 가능)

확인 학습 문제

다음 밑줄 친 것이 주격 관계대명사인지 목적격 관계 대명사인지 쓰시오.

01. I know 진우 who loves 성희. (　　　　　　　　)

02. I know 진우 who 성희 loves. (　　　　　　　　)

03. He remembers her dog which liked to watch TV. (　　　　　　　　)

04. Her friends miss 성희 who cooked very well. (　　　　　　　　)

05. A police arrested 진우 who killed his friend. (　　　　　　　　)

06. I lost the pen which you bought. (　　　　　　　　)

07. She wears the shirt <u>which</u> I dumped. (   )

08. They hate 진우 <u>who</u> 성희 likes. (   )

09. You want to buy a car <u>which</u> is made in Germany. (   )

10. I remember her dog <u>which</u> was fat. (   )

11. We find your book <u>which</u> is written by her. (   )

12. She lost a ball <u>which</u> is different from mine. (   )

13. He knows her cat <u>which</u> died last month. (   )

14. My parents love this movie <u>which</u> Mr. Kim created. (   )

15. She hit 진우 <u>who</u> teased her many times. (   )

우리말 해석을 보고 관계 대명사를 염두에 두어 영어문장을 완성하시오.

16. 나는 성희를 사랑하는 **진우**를 사랑한다.

→ I love **진우** ______________________.

17. 그녀는 부산에 살고 있는 **진우**가 그립다.

→ She misses **진우** ______________________.

18. 그는 똥을 좋아하는 **그녀의 고양이**를 안다.

→ He knows **her cat** ______________________.

19. 그들은 노래를 부르고 있는 **성희**를 지켜보고 있다.

→ They are seeing **성희** ______________________.

20. 우리는 그녀에 의해 맞고 있는 **진우**를 도와줄 예정이다.

→ We will help **진우** ______________________.

21. 그 탐정은 그녀를 죽인 **Chris**를 쫓고 있는 중이다.

→ The detective is following **Chris** ____________________.

22. 그녀를 사랑했던 **진우**는 그를 증오한다.

→ **진우** __________________________ hates him.

23. 런던에 사는 **성희**는 서울에 사는 **진우**와 통화하는 중이다.

→ **성희** ______________ is calling **진우** ______________.

24. 야구를 좋아하는 **진우**는 축구를 좋아하는 **성희**를 이해할 수 없다.

→ **진우** ____________ can' t understand **성희** ____________.

25. 일본에서 만들어진 **이 기계**는 성능이 좋다.

→ **This machine** __________________ works well.

26. 검은 색을 띄는 **그녀의 강아지**가 점점 야위고 있다.

→ **Her dog** ______________________ gets thin.

27. 파스타를 먹고 있는 **진우**는 TV를 보고 있는 **성희**의 남자친구다.

→ **진우** ____________________ is the boyfriend of **성희** ____________________.

28. 그에 의해 쓰여진 **이 책**은 서점을 운영하고 있는 **그의 아버지**에 의해 팔릴 것이다.

→ **This book** ______________ will be sold by **his father** ______________.

29. 성희에 의해 만들어진 **이 책상**은 매우 편안하다.

→ **This desk** ____________________________________ is very comfortable.

30. 서울에 살고 있는 **Chris**는 미국에서 만들어진 **컴퓨터**를 구매했다.

→ **Chris** ____________________ bought **a computer** ____________________.

우리말 해석을 보고 관계 부사를 염두에 두어 영어문장을 완성하시오.

31. 진우는 <u>**그녀가 그를 싫어하는 이유**</u>를 알고 싶다.

→ 진우 wants to know the reason ______________________________.

32. 성희는 <u>**그와 처음 만난 그 공원**</u>을 기억한다.

→ 성희 remembers the park ______________________________.

33. 그들은 <u>**그녀가 영어를 공부한 방법**</u>을 궁금해한다.

→ They wonder ______________________________.

34. 그는 <u>**그 사건을 목격한**</u> 지난 일요일을 기억한다.

→ He remembers last Sunday ______________________________.

35. 그녀는 <u>**그가 자살한 이유**</u>를 모른다.

→ She doesn' t know the reason ______________________________.

36. 우리는 <u>**작년에 졸업했던 학교**</u>에 갔었다.

→ We went to the school ______________________________.

37. 너는 <u>**영어 단어를 잘 외우는 방법**</u>을 배울 필요가 있다.

→ You need to learn the way ______________________________.

38. 그는 <u>**그녀로 인해 알게 된**</u> 페미니즘이라는 개념에 대해 잘 알지 못한다.

→ He doesn' t know the Feminism ______________________________.

'엄마들을 위한' 쉽고 재미있는 한 번에 쏙! 포켓 영문법

부록

_ 품사 및 자주 헷갈리는 것들!

부록 품사 및 자주 헷갈리는 것들!

01. 영어 문장의 기본 품사

'품사'는 영어 문장에서 쓰이는 각 영어 단어가
그 문장에서 어떤 기능과 역할을 하는지를 정리한 것입니다.

품사에는 8가지가 있으면 흔히 '8 품사'라고 이야기합니다.

명사, 대명사, 형용사, 부사, 동사, 전치사, 접속사, 감탄사입니다.
학생들이 가장 많이 질문하는 주요 품사들을 정리하면 다음과 같습니다.

1) 명사 : 사람이나 동물 등 생물 혹은 무생물의 이름
'~하는 것'과 같은 추상적인 개념 등입니다.

2) 대명사 : 는 '명사를 대신 받은 것'으로 우리말에서
'그' '그녀' '그것' 등입니다.

3) 형용사 : 명사를 꾸며주는 역할을 하는 품사로
꾸며주는 명사의 상태나 모양 그리고 성질을 나타냅니다.

4) 부사 : 형용사, 동사 그리고 다른 부사 혹은 문장 전체를 꾸며주는 품사입니다.
또한 **장**소, **방**법, **시**간, **이**유를 부연 설명하는 역할을 합니다.
흔히 앞글자를 따서 **'장-방-시-이'**라고 암기하기도 합니다.

5) 동사 : 주인공의 행동이나 상태 혹은 위치를 나타내는 품사입니다.

02. 자주 헷갈리는 것들!

1) 주어와 목적어, 보어랑 명사는 어떻게 구별하나요?

명사, 주어, 목적어, 보어…….
말도 어려운데 이것들을 구분해야 한다고 하면 아이들은 정말 힘들어 합니다.

축구선수를 예로 들어주십시오!

축구선수는 맡은 역할에 따라 공격수, 수비수, 골키퍼가 있습니다.
역할은 다르지만 다 똑같은 축구선수입니다.
오늘 공격수를 하던 축구선수가 내일은 수비수를 할 수도 있고
그 반대가 될 수도 있습니다.

주어, 목적어, 보어도 똑같습니다. 셋 다 명사입니다.

다 똑같은 명사이지만
역할에 따라
주인공 역할을 하는 것이 주어
보충 설명 역할을 하는 것이 보어
상대방 역할을 하는 것이 목적어입니다.

보어와 목적어를 구분하지 못하는 경우도 많은데

보어는 주인공을 보충 설명해주는 역할을 하는 것이고
목적어는 상대방입니다. (꼭 사람이 아니어도 됩니다!)

(A) **진우** is a **boy**.
(B) **진우** hits a **boy**.

(A)에서의 '**boy**'는 주인공 진우를 보충 설명하는 '보어'이고
(B)에서의 '**boy**'는 주인공 진우와는 상관없는 전혀 다른, 상대방인 '목적어'입니다.

진우 becomes a **doctor**.

위의 문장에서 주인공 진우가 의사(doctor)가 된 것이므로
'**doctor**'는 주인공을 보충 설명하는 것이므로 역시 '보어'입니다.

2) 형용사와 부사도 헷갈린다고요?

형용사와 부사는 둘 다 무언가를 꾸며주는 역할을 합니다.
그래서 학생들이 형용사와 부사를 많이 헷갈려 합니다.

형용사와 부사의 역할을 확실히 정리하는 것은
to부정사의 '형용사적 용법'과 '부사적 용법'을 구분하는 데도 도움이 됩니다.
형용사는 '명사'를 꾸미고, 부사는 '명사 외에 나머지'를 꾸민다고 생각하면 쉽습니다!

우리말로 예를 들어보겠습니다.

너무 이쁜 성희는 **엄청 잘생긴** 진우를 **열렬히** 사랑한다.

여기서 형용사는 '**이쁜**'과 '**잘생긴**'입니다.
각각 성희와 진우라는 명사를 꾸밉니다.

'**너무**'와 '**엄청**'은
각각 '**이쁜**'과 '**잘생긴**'이라는 형용사를 꾸미는 부사이며

'**열렬히**' 역시 부사입니다.
'너무'와 '엄청'과는 달리 '사랑한다'라는 동사를 꾸미는 부사인 것입니다.

형용사는 '명사'를 꾸미는 것.
부사는 '명사 외 나머지 즉, 동사, 형용사, 문장 전체'를 꾸미는 것입니다!

3) 전치사는 무엇인가요?

학생들이 영어 문법을 어려워하는 큰 이유 중 하나가 바로 용어입니다.
한자에 익숙지 않은 요즘 세대에게는 딱딱한 용어 자체가 부담이 될 겁니다.
'전치사'도 마찬가지입니다.

영어에서의 '전치사'를 설명할 때, 우리나라 말의 '후치사'와 같다고 설명하면 좋습니다.

I go **to school**.
= 나는 **학교에** 간다.

똑같은 학교(School)를 기준으로
우리말은 '에'가 학교 '뒤'에 오고, 영어는 'to'가 학교 '앞'에 옵니다.

말 그대로, '명사'를 기준으로 우리말은 뒤에 오는 '후(後)치사',
영어는 앞에 오는 '전(前)치사'를 씁니다!

그래서 전치사 뒤에는 명사가 와야 합니다!
물론 이 명사에는 동명사도 포함됩니다.

시험에 자주 나오는 '전치사 + 동명사'는 다음과 같습니다.

by ~ing: ~함으로써
in ~ing: ~하는데 있어서
on ~ing: ~하자마자
for ~ing: ~하는 이유로

4) 전치사와 부사가 헷갈린다고요?

전치사는 **in, on, at, from** 등으로 무조건 명사 바로 앞에 위치합니다.
그래서 전(前)치사입니다! 기억나시죠?

전치사는 이것들만 이야기하는 것입니다.

이 뒤에 **in my room** 혹은 **on the street** 같이
'**장소나 시간을 뜻하는 어휘**'가 붙으면
표현 전체가 하나의 세트로 일종의 '부사' 역할을 하게 되는 것입니다.

정리하면,

> 진우 met 성희 on the street yesterday.

진우는 '주어 역할'을 하는 '명사'
어제 있었던 일이니까 동사는 meet(만나다)의 '과거형'인 'met'
성희는 '목적어 역할'을 하는 '목적어'
on the street는 '장소'를 뜻하는 부사입니다.
on the street에서 'on'만 딱 집어서 보면 '전치사'인 것입니다.
전치사니까 뒤에 명사인 'the street'가 나왔습니다.
yesterday는 '시간'을 뜻하는 부사입니다.

CHAPTER 01_to부정사 그리고 동명사

44p

01. '명사'의 주어

[해설] 축구 하는 것은 내 취미다.

02. '명사'의 주어

[해설] 그를 만나는 것은 그녀의 희망이다.

03. '명사'의 주어

[해설] 보는 것은 믿는 것이다. (=백문이 불여일견)

04. '명사'의 보어

[해설] 보는 것은 믿는 것이다.

05. '명사'의 보어

[해설] 나의 꿈은 경찰관이 되는 것이다.

06. '명사'의 보어

[해설] 그의 계획은 장난감들을 모으는 것이다.

07. '명사'의 목적어

[해설] 나는 피자 먹는 것을 원한다.

08. '명사'의 목적어

[해설] 그들은 맥주 마시는 것을 거절한다.

09. '명사'의 목적어

[해설] 그는 중국으로 여행하는 것을 계획하였다.

45p

10. '형용사'

[해설] 나는 입을 어떤 것을 필요하다.

11. '형용사'

[해설] 약 먹을 시간이다.

12. '형용사'

[해설] 마실 것 있나요?

13. '형용사'

[해설] 그들은 그녀를 만날 방법을 안다.

14. '형용사'

[해설] 그는 나는 능력을 가지고 있다.

15. '형용사'

[해설] 그녀는 유학 할 기회를 가질 수 있다.

16. '명사'의 주어

[해설] 거짓을 말하는 것은 좋지 않다.

17. '형용사'

[해설] 우리는 우리의 의견을 주장할 권리를 가지고 있다.

18. '명사'의 주어

[해설] 그녀를 만나는 것은 우리의 계획이다.

46p

19. '부사'의 목적

[해설] 그녀를 <u>만나기 위해</u>, 우리는 그녀의 학교로 갔었다.

20. '부사'의 목적

[해설] 새 스마트 폰을 <u>사기 위해</u> 나는 돈을 저축하였다.

21. '부사'의 목적

[해설] 나를 <u>만나기 위해</u> 크리스는 한국으로 왔다.

22. '부사'의 감정의 원인

[해설] 그 소식을 <u>들어서</u> 그녀는 화가 났었다.

23. '부사'의 감정의 원인

[해설] 콘테스트에서 <u>져서</u> 그들은 슬프다.

24. '부사'의 판단의 근거

[해설] 집에 일찍 <u>갔으니</u> 그는 틀림없이 아프다.

25. '부사'의 결과

[해설] 강도가 도망을 <u>갔지만, 결국</u> 잡혔다.

26. '부사'의 판단의 근거

[해설] Chris는 성장하여 선생님이 <u>되었다</u>.

27. '부사'의 결과

[해설] 그는 70세 나이가 <u>될</u> 때까지 살았다.

28. 그는 런던에 살았던 것을 기억한다.

29. 그는 TV를 꺼야 하는 것을 기억한다.

30. 그녀는 꽃을 몇 송이 사기 위해 멈추었다.

31. 그녀는 패스트푸드 먹는 것을 멈추었다.

32. 나는 숙제를 해야 한다는 것을 잊었다.

47p

33. 나는 숙제를 한 것을 잊었다.

34. 그들은 창문을 열려고 시도한다.

35. 그들은 시험삼아 그녀에게 전화를 했었다.

36. 학생들은 시험을 보기 시작하였다.

48p

37. 그녀는 미니스커트 입는 것을 원했다.

38. 그는 자전거 수리하는 것을 포기한다.

39. 나의 어머니는 나무들을 심을 결심을 하였다.

40. 그들은 많은 맛있는 음식들을 먹는 것을 바란다.

41. 창문 닫는 것이 꺼려지나요?

48p

42. 너는 그녀를 만날 기대를 하지 않았었다.

43. 그와 그의 친구들은 발표하는 것을 연습한다.

44. 그녀는 내 질문들에 대답하는 것을 피한다.

45. 우리는 그를 만나는 것을 거부한다.

46. 나는 이 문제를 해결하는 것을 희망한다.

47. 그의 부모님은 사진 찍는 것을 끝냈다.

49p

48. 그녀는 교회를 가는 것을 약속한다.

49. 그들은 TV 쇼 보는 것을 즐긴다.

50. 그는 계속해서 음악을 들었다.

49p

51. 나는 내일 컴퓨터 게임 하는 것을 계획한다.

52. 우리는 그녀를 용서하는 것을 동의한다.

CHAPTER 02_문장의 형식

80p

01. 1형식

[해설] I cry. (나는 운다.)
주어 동사

02. 1형식

[해설] They run. (그들은 뛴다.)
주어 동사

03. 1형식

[해설] she sleeps in her room. (그녀는 그녀 방에서 잔다.)
주어 동사

04. 1형식

[해설] The sun rises. (태양이 떠오른다.)
주어 동사

05. 1형식

[해설] I cried on the street. (나는 거리에서 울었다.)
주어 동사

06. 1형식

[해설] I can run. (나는 뛸 수 있다.)
주어 동사

07. 1형식

[해설] I can run fast. (나는 빨리 뛸 수 있다.)
주어 동사

81p

08. 1형식

[해설] I am happy. (나는 행복하다.)
주어 동사 주격보어

09. 2형식

[해설] She is a teacher. (그녀는 선생님이다.)
주어 동사 주격보어

10. 2형식

[해설] He becomes a doctor. (그는 의사가 됐다.)
주어 동사 주격보어

11. 2형식

[해설] The door is black. (문은 검은색이다.)
주어 동사 주격보어

12. 2형식

[해설] The door gets black.(문은 점점 검어진다.)
주어 동사 주격보어

13. 2형식

[해설] She is pretty. (그녀는 예쁘다.)
주어 동사 주격보어

14. 2형식

[해설] she gets pretty. (그녀는 점점 예뻐진다.)
주어 동사 주격보어

15. 2형식

[해설] she gets a chance. (그녀는 기회를 가진다.)
주어 동사 목적어

16. 3형식

[해설] This room is warm. (이 방은 따뜻하다.)
주어 동사 주격보어

81p

17. 2형식

[해설] This room keeps warm. (이 방은 따뜻함을 유지하고 있다.)
주어 동사 주격보어

18. 2형식

[해설] He is a boy. (그는 소년이다.)
주어 동사 주격보어

19. 2형식

[해설] He hits a boy. (그는 한 소년을 때린다.)
주어 동사 목적어

20. 3형식

[해설] I eat pizza. (나는 피자를 먹는다.)
82p 주어 동사 목적어

21. 3형식

[해설] I ate pizza. (나는 피자를 먹었다.)
주어 동사 목적어

22. 3형식

[해설] He eats an ice cream. (그는 아이스크림을 먹는다.)
주어 동사 목적어

23. 3형식

[해설] He ate an ice cream in his room. (그는 그의 방에서 아이스크림을 먹었다.)
주어 동사 목적어

24. 3형식

[해설] She ate pizza yesterday. (그녀는 어제 피자를 먹었다.)
주어 동사 목적어

25. 3형식

[해설] We give her cookies. (우리는 그녀에게 과자들을 준다.)
주어 동사 ~에게 ~을

26. 4형식

[해설] They send him a message. (그들은 그에게 메시지를 보낸다.)
주어 동사 ~에게 ~을

27. 4형식

[해설] I gave them many books. (나는 그들에게 많은 책을 주었다.)
주어 동사 ~에게 ~을

28. 4형식

[해설] She cooks pasta. (그녀는 파스타를 요리한다.)
주어 동사 목적어

29. 3형식

[해설] She cooks him pasta. (그녀는 그에게
83p 파스타를 요리해준다.)
주어 동사 ~에게 ~을

30. 4형식

[해설] We make a dog house. (우리는 개집을 만든다.)
주어 동사 목적어

31. 3형식

[해설] We make her a dog house. (우리는 그녀에게 개집을 만들어준다.)

주어 동사~에게 ~을

32. 4형식

[해설] Let it go. (그것을 가게끔 해 = 잊어버려)

동사 목적어 목적격보어

33. 5형식

[해설] Everybody thinks her cute. (모두들 그녀가 귀엽다고 생각한다.)

주어 동사 목적어 목적격보어

34. 5형식

[해설] She calls her teacher 꼰대. (그녀는 자기 선생님을 꼰대라고 부른다.)

주어 동사 목적어 목적격보어

35. 5형식

[해설] I want to watch that movie. (나는 그 영화는 보는 것을 원한다.)

주어 동사 목적어

36. 3형식

[해설] I want my parents to watch that movie. (나는 부모님이 그 영화를 보는 것을 원한다.)

주어 동사 목적어 목적격보어

37. 5형식

84p [해설] My teacher allowed me to eat snacks. (내 선생님은 내가 과자를 먹게 허락하주셨다.)

주어 동사 목적어 목적격보어

38. 5형식

[해설] I didn't hear you call. (나는 네가 전화하는 걸 못 들었다.)

주어 동사 목적어 목적격보어

39. 5형식

[해설] He makes her use his notes. (그는 그녀가 자신의 공책을 사용하게 한다.)

주어 동사 목적어 목적격보어

40. 5형식

[해설] Her friends let her meet him. (그녀의 친구들은 그녀가 그를 만나게 한다.)

주어 동사 목적어 목적격보어

84p **41.** 5형식

[해설] They saw the boy stealing money. (그들은 소년이 돈을 훔치는 걸 보았다.)

주어 동사 목적어 목적격보어

42. 5형식

[해설] She smelled the bread burn. (그녀는 빵이 타는 냄새를 맡았었다.)

주어 동사 목적어 목적격보어

43. 5형식

[해설] We find her cheating in the test. (우리는 그녀가 시험 때 부정행위하는 것을 본다.)

주어 동사목적어 목적격보어

44. 5형식

[해설] His mother asked him to clean his room. (그의 어머니는 그에게 방을 청소하라고 요청하였다.)

주어 동사 목적어 목적격보어

85p

45. 5형식

[해설] The shoes can make you taller. (신발은 너를 더 키 크게 만들어줄 수 있다.)

주어 동사 목적어 목적격보어

46. 5형식

[해설] Leave me alone. (나를 혼자 내버려둬.)

동사 목적어 목적격보어

47. 5형식

[해설] You must listen to this radio. (너는 라디오를 반드시 들어야 한다.)

주어 동사 목적어

48. 3형식

[해설] She hears the birds sing. (그녀는 새들이 노래하는 걸 듣는다.)

주어 동사 목적어 목적격보어

49. 5형식

[해설] My parents call my friend the genius. (내 부모님은 내 친구를 천재라고 부른다.)

주어 동사 목적어 목적격보어

86p

50. You give some money to me.

[해설] 너는 나에게 돈은 준다.

51. I tell the truth to you.

[해설] 나는 너에게 진실을 말한다.

52. The woman showed her paintings to us.

[해설] 그 여자는 우리에게 자신의 그림들을 보여주었다.

53. She teaches Spanish to him.

[해설] 그녀는 그에게 스페인어를 가르친다.

54. My boyfriend bought a new laptop for me.

[해설] 내 남자친구는 나에게 새 노트북을 사주었다.

55. He sent many love letters to her.

[해설] 그는 그녀에게 많은 러브레터들을 보냈다.

56. 진우 asks her address of 성희.

[해설] 진우는 성희에게 그녀의 전화번호를 묻는다.

87p

57. They make a set of chairs for us.

[해설] 그들은 우리에게 의자 세트를 만들어 준다.

58. My grandmother cooked delicious meals for my friends.

[해설] 나의 할머니는 나의 친구들에게 맛있는 식사를 요리해 주셨다.

59. We bring many flowers to her.

[해설] 우리는 그녀에게 많은 꽃들을 전해준다.

60. He wrote his memos to her.

[해설] 그는 그녀에게 메모들을 써주었다.

61. Pass the salt to me.

[해설] 나에게 소금을 전해줘.

62. They gave gifts to her friends.

[해설] 그들은 그녀의 친구들에게 선물들을 주었다.

63. Did you send a text message to me?
[해설] 나에게 문자메시지를 보냈었니?

64. watch or watching
[해설] 그녀는 누군가 자신의 지켜보는 것을 느꼈었다.

65. to eat
[해설] 그들은 그가 더 많은 음식을 먹기를 원한다.

66. to call
[해설] 성희는 그가 그녀에게 전화하기를 기대한다.

88p

67. to use
[해설] 진우는 그의 친구들이 그의 컴퓨터를 사용하도록 허락하였다.

68. do
[해설] 그들은 내가 그것을 하게끔 한다.

69. go
[해설] 그는 그의 여자형제들이 밖에 나가도록 하였다.

70. play or playing
[해설] 나는 아버지와 어머니가 배드민턴 하시는 걸 보았다.

89p

71. cry
[해설] 저 드라마의 결말이 나를 울게끔 만들었다.

72. happen or happening
[해설] 자동차 사고가 일어난 걸 보았나요?

73. to be
[해설] 그 소식은 그녀가 충격을 받을 수밖에 없게 하였다.

74. to follow
[해설] 내 상사는 나에게 그녀를 따라오라고 명령하였다.

75. to divorce
[해설] 그들은 그녀에게 이혼할 것을 조언하였다.

76. to cheer
[해설] 그는 그의 부모님에게 자신을 응원해달라고 요청하였다.

77. to be
[해설] 그녀는 그녀의 남편에게 조용히 해달라고 말하였다.

CHAPTER 03_현재와 과거 그리고 완료시제

다음 문장이 현재완료의 무슨 용법으로 쓰인 것인지 '계속', '경험', '완료', '결과' 중 선택하여 쓰시오.

101p

뜻	원형(현재시제)	과거	과거분사p.p
~이다	be(단수)	was	been
~이다	be(복수)	were	been
일어나다	arise	arose	arisen
(아이를) 낳다, 참다	bear	bore	born
~이 되다	become	became	become
시작하다	begin	began	begun
(바람이) 불다	blow	blew	blown
부수다	break	broke	broken
가져오다	bring	brought	brought
태우다, (불에) 타다	burn	burned	burned
사다	buy	bought	bought
건설하다	build	built	built
잡다, 붙잡다	catch	caught	caught
선택하다	choose	chose	chosen
오다	come	came	come

다음 문장이 현재완료의 무슨 용법으로 쓰인 것인지 '계속', '경험', '완료', '결과' 중 선택하여 쓰시오.

102p

뜻	원형(현재시제)	과거	과거분사p.p
자르다	cut	cut	cut
(땅을) 파다	dig	dug	dug
하다	do/does (3인칭 단수)	did	done
그리다	draw	drew	drawn
마시다	drink	drank	drunk
운전하다	drive	drove	driven
먹다	eat	ate	eaten
떨어지다	fall	fell	fallen
느끼다	feel	felt	felt
싸우다	fight	fought	fought
발견하다	find	found	found
설립하다	found	founded	founded
날다	fly	flew	flown
잊다	forget	forgot	forgotten
포기하다	forgive	forgave	forgiven
얼다, 얼리다	freeze	froze	frozen

다음 문장이 현재완료의 무슨 용법으로 쓰인 것인지 '계속', '경험', '완료', '결과' 중 선택하여 쓰시오.

103p

뜻	원형(현재시제)	과거	과거분사p.p
가지다, 점점 ~하다	get	got	gotten
주다	give	gave	given
가다	go	went	gone
자라다	grow	grew	grown
매달다	hang	hung	hung
가지다	have / has	had	had
~하게 하다	let	let	let
숨다	hide	hide	hidden
때리다	hit	hit	hit
잡다, 개최하다	hold	held	held
다치게 하다	hurt	hurt	hurt
지키다, 유지하다	keep	kept	kept
알다	know	knew	known
거짓말하다	lie	lied	lied
눕다	lie	lay	lain
놓다, 눕히다	lay	laid	laid

다음 문장이 현재완료의 무슨 용법으로 쓰인 것인지 '계속', '경험', '완료', '결과' 중 선택하여 쓰시오.

뜻	원형(현재시제)	과거	과거분사p.p
이끌다, 데리고 가다	lead	led	led
떠나다, 남기다	leave	left	left
빌리다	lend	lent	lent
~하게 하다	let	let	let
지다, 놓치다	lose	lost	lost
104p 만들다	make	made	made
의미하다	mean	meant	meant
만나다	meet	met	met
실수하다	mistake	mistook	mistaken
지불하다	pay	paid	paid
놓다	put	put	put
읽다	read	read	read
(말을) 타다	ride	rode	ridden
울리다	ring	rang	rung
오르다	rise	rose	risen
뛰다	run	ran	run

다음 문장이 현재완료의 무슨 용법으로 쓰인 것인지 '계속', '경험', '완료', '결과' 중 선택하여 쓰시오.

105p

뜻	원형(현재시제)	과거	과거분사p.p
말하다	say	said	said
보다	see	saw	seen
찾다, 추구하다	seek	sought	sought
팔다	sell	sold	sold
보내다	send	sent	sent
흔들다	shake	shook	shaken
보여주다	show	showed	shown
닫다	shut	shut	shut
노래하다	sing	sang	sung
가라앉다	sink	sank	sunk
앉다	sit	sit	sit
자다	sleep	slept	slept
냄새가 나다	smell	smelt	smelt
말하다	speak	spoke	spoken
소비하다	spend	spend	spend
서다, 견디다	stand	stood	stood

다음 문장이 현재완료의 무슨 용법으로 쓰인 것인지 '계속', '경험', '완료', '결과' 중 선택하여 쓰시오.

106p

뜻	원형(현재시제)	과거	과거분사p.p
훔치다	steal	stole	stolen
강타하다	strike	struck	struck
수영하다	swim	swam	swum
가지다, 하다	take	took	taken
가르치다	teach	taught	taught
찢다	tear	tore	torn
말하다	tell	told	told
생각하다	think	thought	thought
이해하다	understand	understood	understood
(옷을) 입다	wear	wore	worn
이기다	win	won	won
(글을) 쓰다	write	wrote	written

CHAPTER 03_현재와 과거 그리고 완료시제

01. 계속

[해설] 나는 1999년부터 여기에 살고 있다.

02. 계속

[해설] 그들은 10년간 이것을 팔고 있다.

03. 계속

[해설] 나는 내가 여섯 살일때부터 안경을 쓰고 있다.

123p **04.** 경험

[해설] 너는 이 소리를 들어본 적이 있니?

05. 경험

[해설] 나는 낙타를 한번도 본 적이 없다.

06. 완료

[해설] 그는 방금 막 자신의 숙제를 끝냈다.

07. 경험

[해설] 나는 한 번 뉴욕에서 산 적이 있다.

08. 완료

[해설] 그들은 아직도 프로젝트를 마치지 못하였다.

124p **09.** 경험

[해설] 나는 이 레스토랑에서 두 번 식사를 해보았다.

10. 결과

[해설] 진우는 지갑을 잃어버렸다. (그리고 아직도 못 찾은 상태!)

11. 결과

[해설] 성희는 목이 부러졌다. (그리고 아직도 안 나은 상태!)

12. 경험

[해설] 그들은 한번 그녀의 집에 방문한 적 있다.

13. 계속

[해설] 2000년 이후, 그들은 각자 서로 알게 되었다.

14. 완료

[해설] 너는 너의 일을 이미 끝마쳤니?

15. 경험

[해설] 그녀는 동경에 갔다 온 적이 있다.

16. 결과

[해설] 그녀는 동경에 갔다. (그리고 아직도 그곳에 있다!)

17. 계속

[해설] 우리는 10년간 이곳에서 일하고 있다.

18. 경험

[해설] 너는 게이트볼을 해 본 적 있니?

125p **19.** 완료

[해설] 나는 성희로부터 온 전화에 대한 답신을 지금 막 하였다.

20. 계속

[해설] 진우는 작년부터 이 집을 사는 것을 원해왔다.

CHAPTER 04_관계대명사 그리고 관계부사

01. 주격관계대명사.

[해설] 나는 성희를 사랑하는 진우를 안다.

02. 목적격관계대명사.

[해설] 나는 성희가 사랑하는 진우를 안다.

03. 주격관계대명사.

[해설] 그는 TV 보는 것을 좋아하는 그녀의 개를 기억한다.

147p

04. 주격관계대명사.

[해설] 그녀의 친구들은 요리를 매우 잘했던 성희를 그리워한다.

05. 주격관계대명사.

[해설] 한 경찰이 친구를 살해한 진우를 체포하였다.

06. 목적격관계대명사.

[해설] 나는 네가 구매한 펜을 잃어버렸다.

07. 목적격관계대명사.

[해설] 그녀는 내가 버렸던 셔츠를 입고 있다.

148p

08. 목적격관계대명사.

[해설] 그들은 성희가 좋아하는 진우를 싫어한다.

09. 주격관계대명사

[해설] 너는 독일에서 만들어진 차를 사고 싶어한다.

10. 주격관계대명사.

[해설] 나는 뚱뚱했던 그녀의 개를 기억한다.

11. 주격관계대명사.

[해설] 우리는 그녀에 의해 쓰인 너의 책을 발견한다.

12. 주격관계대명사.

[해설] 그녀는 나의 것과는 다른 공을 잃어버렸다.

13. 주격관계대명사.

[해설] 그는 지난주에 죽은 그녀의 고양이를 알고 있다.

14. 목적격관계대명사.

[해설] 나의 부모님은 김 씨가 창조한 영화를 사랑한다.

15. 주격관계대명사.

[해설] 그녀는 여러 번 그녀를 놀렸던 진우를 때렸다.

16. who loves 성희

149p

17. who lives in Busan

18. which likes 똥

19. who is singing songs

20. who is hit by her.

21. who killed her.

22. who loves her

150p

23. who lives in London / who lives in Seoul

24. who likes baseball / who likes soccer

25. which was made in Japan

26. which is black

27. who is eating pasta / who is watching TV

28. which is written by him / who runs a bookstore

151p

29. whch is made by 성희

30. who lives in Seoul, which was made in US.

31. why she hates him

152p

32. where she met him at first

33. how she studied English

34. when he witnessed that case

152p

35. why he did suicide

36. where we graduated last year

153p

37. You memorize english words well
(절대 how쓰면 안됩니다!)

38. where I was taught by her.

그래엄마

GRAMMAR

초판 인쇄 | 2023년 06월 28일
초판 발행 | 2023년 07월 05일

지은이 | 이민우(Chris Lee)
펴낸이 | 이노나
펴낸곳 | (주)인문엠앤비

주 소 | 서울특별시 종로구 북촌로4길 19, 404호(계동, 신영빌딩)
전 화 | 010-8208-6513
등 록 | 제2020-000076호
E-mail | inmoonmnb@hanmail.net

값 12,000원

ISBN 979-11-91478-20-4 13740